カミの発生

日本文化と信仰

萩原秀三郎

大和書房

【上空より信仰の山「岩木山」を望む】

「津軽富士」ともよばれる岩木山は信仰の山である。
祖霊信仰による、お山参詣が盛んであることは
恐山と同じだが、その前駆的形態として
集落の近くの低い山の登拝があった。
それを[モリヤマ・モイヤマ・ハヤマ]と呼び、
こうした低い山の信仰が集大成された姿が、
岩木山であり、恐山である。

はじめに——日本文化の基層

いま、なぜカミの発生か。柳田国男の創始した日本民俗学は、日本のカミ研究に主力を注いできた。カミがいつの時代に原初の姿を形造ったか。

柳田は初期の民俗学で、もともと列島に先住していた山人に対して、稲を携えてやって来た農耕民族が大地を占拠し、共同体の中核となる祖霊の系譜を、祖先神として確立させた。正月に来訪する歳神なども祖先神である、とした。一方、折口信夫《おりくちしのぶ》は、他界である常世から来訪したマレビトが、大地の精霊としての土地の神を服属させ、その服属儀礼の中で生まれた舞踏は、大地の悪霊鎮撫を目的としている、といった。

柳田のいう祖先神も折口のいうマレビトも、共に外なるあの世からの来訪者という意味でいえば、相似である。しかし、両者のあの世観に、また神々の昇降する大地そのもののとらえ方に大きな差がある。二人の神の原型質は食い違っている。折口のマレビト概念には最小の度数の出現または訪問という意が含まれるが、本書ではとりあえず来訪する神の意にとどめて使用する。

柳田に倣い、日本民俗学は新しく入ってきた稲作文化は平地の文化であり、それ以前の文化は山民による山地文化として彼此と対立する文化ととらえた。あくまで民俗学上の日本民族が定住生活をはじめたのは、平地で稲作を開始してからである。永い年月、一定の地域に住みつけば、開拓先祖への崇拝も生まれ、定住は〝里山〟を生み、生活用の燃料、建築のための木材、飲料水を〝里山〟に仰いだという。

こうした、民俗学がとらえた稲作以前・以後の民俗文化の構図はまったくの虚像に過ぎなかったことが、考古学による発掘の成果や、遺伝子学などの急速の進歩で、次々に明らかになってきている。日本民族が山地民としての暮らしから平地に拠点を移行したという痕跡はみあたらない。たとえば、青森県三内丸山遺跡の縄文人ははじめから平地に一五〇〇年にわたって定住し、食生活は縄文人の人骨に含まれる炭素と窒素の分析からみて、多くの人がクリを食し、四季にわたってあらゆるものを食していたことがわかっている。

四五〇万年以上に及ぶ、縄文以前の移動生活を送っていた頃は遺体をあちこちに埋めて次に移ったが、定住は墓地を必要とした。定住のムラでは平等ではいられない。墓地をみても開拓者とみられる者や特別な宗教者は厚く葬られている。祖先崇拝もはじまっていただろう。こうした縄文人の定住は縄文早期末葉から認められるし、そうした常識は歴史・考古学界では四〇年も前からのことである(1)。

柳田国男は『山宮考』で、祖霊を原形とする神祭りが、山宮から里宮へと祭りの場を変遷させたと考えた。折口信夫は、海の彼方から来る常世神の信仰が、後に形を変え、山から来る神となり鬼や翁の発生に至ったと「国文学の発生」で述べた。柳田の考えでは、カミは祖霊に求められるが、祖霊は、盆・正月・彼岸に山と里を去来する。祖霊は死んだ後も山の奥にとどまるが、定められた時期に子孫のもとに戻ってくる。その祖霊去来の背後にあるのが、春二月ごろ山の神が里に降り田の神となり、秋一一月にふたたび山へ戻るという信仰であるという。柳田学を受けつぐ宮田登も、去来信仰発生の前提に、山地での焼畑耕作の移動生活から平野部への耕地の移動を挙げ、その転換の時期は古代というよりむしろ近世初頭ではないかとしている。その転換期に山民の祀る山の神が平野部の稲作民に反映し、田の神・山の神の去来信仰を生んだとした。(2)

わたしは、カミ発生の基盤であると日本民俗学が考える〝山と里の民俗文化的特質〟の構図に賛同できない。山と里の民俗文化を拮抗・対立させる基層文化は、歴史学的な見地からも容認しがたい。なぜなら、日本文化の特質は、すべてを並び立て融和させる一種の親和力にこそある。それは美術史のような表層文化のみならず民俗的な基層文化観に根ざす精神史や、考古学から読みとることの可能な物質文化にまで及んでいる。ここにおいて、考古学とも齟齬をきたさない、新しい見地に立ってのカミ発生の解明が望まれる。

柳田は民俗学を歴史学の中に位置づけているが、民俗学は生活文化の変遷を、歴史的実年代を無視して、一方的に民俗資料偏重に傾いている。

考古学的資料を使ってのカミ観念の考察は、大和岩雄の『神々の考古学』(3)にみられ、ここでは太陽祭祀の重要性が繰り返し述べられている。小林達雄もいうように、縄文時代の巨木文化から読みとれるものは、巨木柱列とはムラの集団を超えた規模の記念物であり、二至二分（春分・秋分・冬至・夏至）の太陽を計測する日時計的役割を果たしていたと考えられる。

本居宣長は『真暦考』で、月のめぐりは「ただ一月々と経ゆくのみにて、すべて年のめぐりとは別事なりき」と鋭く指摘している。月の満ち欠けは年に十二回あるが、一年という年のめぐりとは別で、月齢では一年で一一日少なくなってしまう。二至二分を測り一年を測定するのは容易であるが、太陽と月の運行を対応させその差を調節して閏年を設けたりするのは簡単ではない。中国の殷代は太陽の運行による暦で、月齢を数える試みはなかなかうまくいかず、一ヵ月の長さは二七日から三二日ぐらいまでひらきをもったらしい。月がまったくみえない朔をもって一月《ひとつき》のはじめとすることができず、実際に新月を人間がみたときをもって月のはじめとしたからである。(4)朔望によらずとも暦はたつのである。中国でいう正月一五日の上元、七月一五日の中元が偶然ではあるが、日本の古い考えとよく合ったと民俗学は主張しているが、月の盈虚を重んじるようになったのは、中国道教の影響であろう。上元・中元・下元の道教思想は、前漢ごろにはじまり、仏教とも結び付きやがて北魏のころから満月を重視するようになり、(5)わが国へ輸入されたと思われる。

従って、民俗学は祖霊の去来を正月と盆の二つをサイクルとする一月、七月の周期型を重視しているが、歴史的にみれば、春分・秋分の彼岸を中心とする周期型、つまり三月・九月型が先行したと考えられる。こう考えることで春秋に去来する田の神・山の神の去来信仰がより古い祖霊信仰に重なるのである。彼岸行事が仏教に潤色されたのは平安時代ごろからとされる。

柳田国男は盆の語源は、供物を容れる容器のボニにあって盆の供養はもともと日本固有としている。ところが、一方で柳田は春分秋分の両日とそれを中日にした前後七日間の彼岸を仏教渡来以前の祖先供養であったらしいとも『先祖の話』の中でいっている。この時期が農耕儀礼の中の重要な折り目であることを認め、この頃に先祖祭りをするのが最適とも考えていたようである。わたしは柳田のいう、正月・盆の祖霊信仰と春分秋分の彼岸の祖霊信仰との歴史的前後関係は明らかだと思う。

その上、縄文の巨木信仰はあくまでも葬地にあっての二至二分の計測である。つまり、定住生活による墓制がすでに原初的な祖霊信仰を誕生させており、墓地の中に立つ縄文人の精神生活の支柱ともいうべき巨木に太陽の運行に関する太陽信仰が認められる。縄文文化と彼岸行事の両者に文化の遺伝的つながりをわたしは確信する。兵庫県東部地方では、彼岸の中日または彼岸の一日を選んで、ヒムカエといって東に向かい、午後にヒオクリといって西の方へ歩いて行く風習がある。和歌山県那賀郡でも、この頃ヒノオトモといって朝は東の方、午後は西の方のお宮やお寺を参る風がある。太平洋側の村々でも、彼岸の頃太陽の去来につれて太陽を拝み、その間七つの社寺を詣でるという。春と秋の、神の去来信仰はこうして祖霊信仰と太陽信仰という二つの大きな側面を持っている。

実は柳田は『山宮考』で、山より祖神は降りるものとする理由を山宮の祭場は葬地であったと想定し、山の葬地での祭場が里の氏神の祭りへと引き継がれたと考えた。そもそも祖霊祭は死穢をいとうことなく葬地に誕生したとする、場所の設定そのものは正しい。葬地やヤシロの淵源を山に置くことにこだわり続けたところに誤りはあったとしても、葬地の祖霊祭と神社の成立を結び付けた炯眼には心服せざるを得ない。「氏神と氏子」ではこうもいっている。

私などに言はせると、日本の神社の成立ほど単純で自然でわかりやすいものは無い。国内の最も大きな御社から、端々の無名の小社までも共通して、又一方には上世の記録にも表はれ、更に目の前の生活にも幾多の例のあることは、同じ血筋に繋がる者が集まって、共々に同じ先祖の好意に信頼し、又是に感謝しようとするのが、社に於て神を祭り始めた唯一つの動機だったといふことである。どうして此様に明白なものを、わざとわかりにくゝ六つかしく解して行こうとしたものか。（一九章・氏神社の祭神）

右の柳田の所論は、筆者にいわせると、これまで繰り返し拙著で論じた中国江南の少数民族の社の成立そのものである。たとえば、ミャオ族は同姓の血縁集団ごとに祭場として芦笙柱を建て、祖霊の加護を祈って春分・秋分に春社・秋社の祭礼を行っている。おそらく縄文中期の葬地における巨木列柱の祭祀も基本的には同族団による祖霊祭であり、後に地域社会の精神的結集の的ともなったと考えられる。

柳田の『神樹篇』(「柱祭と子供」)では、正月のトンド焼きや盆の灯火を柱の頂に点ずる火祭りについてこういっている。

　盆の中元に対して正月十五日は即ち上元である。(亥子と称する十月亥日の祭は、下元即ち十月十五日の祭から変じたものでは無かろうか。此にも亦子供が主たる役者である。)三元祭の本元たる支那南部に於て、上元中元共に、所謂燈戯の風習があったことを考へると、此は偶然の一致ではあるまい。折口氏の髯籠《ひげこ》の話は自分の心附かなんだ重要な點を指示せられた。(筆者注　折口によると髯籠は太陽霊の依り代)

と。この記述にみる限り現行の民俗学一般の傾向とは一線を画し、盆の祖霊迎えの火祭りに中国の三元祭の影響を認めている。柳田の構想にはゆれもあり明らかに時代の制約もあるが基本的には受け継ぐべきものではなかろうか。

そして縄文の巨木柱が世界の中心に立つ〝宇宙樹〟であることの証明ができれば、人類が仏教やキリスト教、イスラム教、道教や神道といった高文化としての宗教の成立以前に普遍的に世界に広がっていた民俗宗教の土壌に達することができる。その〝宇宙樹〟を、折口のいう髯籠をはじめわが国の依り代に同じと把握できれば、日本の古代の神社の成立、神楽の舞いとその装置、風流系統の山車の創出、中世の修験道、近世以後の祭礼や伝統芸能にいたるまでその中核を形成する世界観の考究に役立つこと必至である。

（本文中の敬称は略させていただきます）

カミの発生——〔目次〕

第一章 季節の風、山と野にカミの去来をうながす

第二章 自然崇拝、日神を育む

第三章 縄文・葬地の巨木が祖霊と日神を結ぶ

第四章 飛翔する鳥、やがて「鳥居」に留まる

第五章　カミ、ホトケと出会い「神社」を生む

第六章 世界の中心をめぐり、旋舞する

第一章

季節の風、山と野にカミの去来をうながす

東アジアの縁辺、
日本列島の歴史的風土に
基層文化が芽生えた。

日本文化の基層を問う

日本文化の基層を農耕文化としてとらえる視点がある。

わが国の民間信仰の根幹をなしているのが、山の神や田の神の信仰である。山の神は焼畑耕作民、猟師、樵、木地屋、炭焼、鋳物師《いもじ》など山地で仕事をする山民たちが信仰の対象としているものと、平地に定住して水田を耕作する稲作民が信仰するものとがある。里人である稲作民の山の神には、春は田に降って田の神になり、冬は山に帰って山の神になるといういい伝えがある。これは必ずしも画一化してはおらず、山と里の去来が天と地との去来であることもしばしばであるが、去来そのものはほとんど全国的といっていいほど広く分布している信仰である。

柳田国男の有力な説では、この神の去来信仰の背景に、祖霊信仰が存在しているという。つまり、稲作民にとっての山の神、田の神は祖霊の分身ということになる。各家の祖霊の霊が山の彼方に鎮まり、主に盆と正月に子孫の求めに応じて来臨するが、春と秋にも所在する場所を変えるのだという。

一般的に、日本民族の起源、日本文化のありようの原点を考えるときに、農耕文化を基層に据える。その場合は、初発に狩猟民的な諸文化、これに続く焼畑耕作文化、そして、その次の段階を稲作文化として連続的な展開を遂げる、という考え方をする。山と里、両文化に分ける場合には、山は狩猟民的諸文化、焼畑農耕文化、平地は水稲耕作文化であるとして、山と里の文化を対立させることで、日本文化の多層性や多重構造は理解できる、という考え方である。民俗学の坪井洋文は、山と里の文化を対立ととらえるが、それは類型の違いであって時間的歴史的前後関係ではないとしつつも、次に述べる佐々木高明説を大いに支持していることから、つまりは同じように古い歴史的時間を想定しているとみなせる。

とくに照葉樹林文化論では、山野の採集や狩猟の文化、山地の焼畑耕作文化がまず展開して、そのあとで平地で稲作文化が展開した。それは後発のかたちである、という。これは、佐々木高明の主張である。佐々木は、狩猟民の山の神から焼畑民の山の神へ、という移行があり、これがやがて稲作民の山の神へと受け継がれた、という考えである。一方、文化人類学のほうでは、大林太良などが焼畑農耕文化論をずっと支えてきた。佐々木の概念を、大筋においては支持してきたが、大林の場合は、さらに焼畑農耕文化はエーバーハルトのヤオ文化に相当する、ということをいっている。

山地焼畑農耕文化に随伴する文化複合としては、火祭りや儀礼的狩猟、山の神信仰、死体化《け》生《しょう》神話がある。亡くなった女神、オオゲツヒメの身体の部分部分から、雑穀などが生えて出て来るという神話である。これは、とくにオオゲツヒメの場合、根栽文化と結びつけられている。儀礼としては、年中行事の八月十五夜にイモを食べる文化を取り上げて、これこそ古層の山の神信仰と関係する、ということをいっている。

山の神信仰とは何か

山の神信仰を考える場合、まずは大きく山岳信仰を窓口にして進めてみよう。山岳信仰というと、まず日本で連想するのは、大山、立山、白山、岩木山、三峰、大峯、熊野、浅間、出羽三山などといった、つまりむしろ古代から中世にかけて、仏教と修験道、神道に結びついた、歴史上の表層高文化である。民間宗教文化としての基層文化ではないところの宗教として研究されてきている。

当然、日本の国土の八割は山である、ということからいっても、縄文に遡っても、山を憧憬の対象にする考え方は、日本人の観念の基層にあることは間違いない。それを前提とした上で、山岳宗教文化として立ち上がってくる場合は、古代、中世以来の高文化としての宗教文化であると思う。

これを、民間的な民俗宗教のほうからいうと、奥山は里から眺望するときに、農民の間では山の残雪の形によって、作物の種のまき具合を考えたり、まく時期を考えたり、あるいは漁撈民の場合は、山を山あてとして位置を知る、というように、山は土着的な、民間宗教の対象となっている。そして奥山の麓に、里山というものが里に隣接して広がっている。これを、モリノヤマと

おこもりの後、山頂で託宣がある。（福島市松川町）

かモイヤマ・モイドン、ハヤマ・アオヤマといういいかたをすることもある。つまり、森である。水くまり山といって、水を配ってくれる山でもある。とくに東北地方南部では、これを奥山に対して端の山・ハヤマという。身近な山として、このハヤマ信仰が、かなりの分布で広がっている。

このハヤマ信仰の特色のひとつとして数え上げられるものに、この山に死霊を送る、という意識がある。死後の死霊は、数年の供養を重ねると、三三年、五五年には「弔いあげ」という法要で個人としての死霊が普遍的な祖霊になる。そのようにして、死霊が鎮まって祖霊になると、里の子孫の生活を保護する、見守ってくれるという（第三章参照）。これは、全国的にある。

低い山・端山、あるいは青山というものが、早くから民俗宗教的な対象としてあって、秀麗な山容を誇る高い奥山は、むしろあとから宗教対象になった。もちろん、潜在的には奥山に対する信仰が古くからあるのだが、青山を他界とする思想がまずあったわけである。江南のミャオ族は里山にあたる鼓石窟に死者を祀り、さらに理想郷としての他界の山をはるか東方に想い描いている。

中国の畠作・稲作と弥生農耕文化

ここに、中国における畠作・粟作の拡大図と稲作の拡大図を中村慎一の『稲の考古学』(6)より転載させていただくが、ほぼ同じ考えは後に触れる甲元真之や寺沢薫にもみられ、特に甲元は栽培穀物のみならず、狩猟、漁撈、採集、家畜を含めた多角的な生業類型を示しながら経済類型の発展段階に及ぶ総合的な視点から検討を加えている。

中国における畠作・粟作の拡大と稲作の拡大を比較してみると、中村慎一にみるように、稲作がかなりの速さで北にも広がり、南へも、長江からどんどん南へ下がる。しかし、畑作である雑穀栽培のほうは、中村が起源地と考えているのは黄河流域だが、それが東北地域にかけて広がっていくスピードは、非常に遅い。それでは日本の畠作・水田稲作の状況はどうか。

国立歴史民俗博物館では、年代が判明した年輪の中の放射性炭素（炭素14）の濃度を測ることで年代を得る道を開発し、二〇〇七年七月三日から九月二日まで、約五〇〇点の資料で年代研究

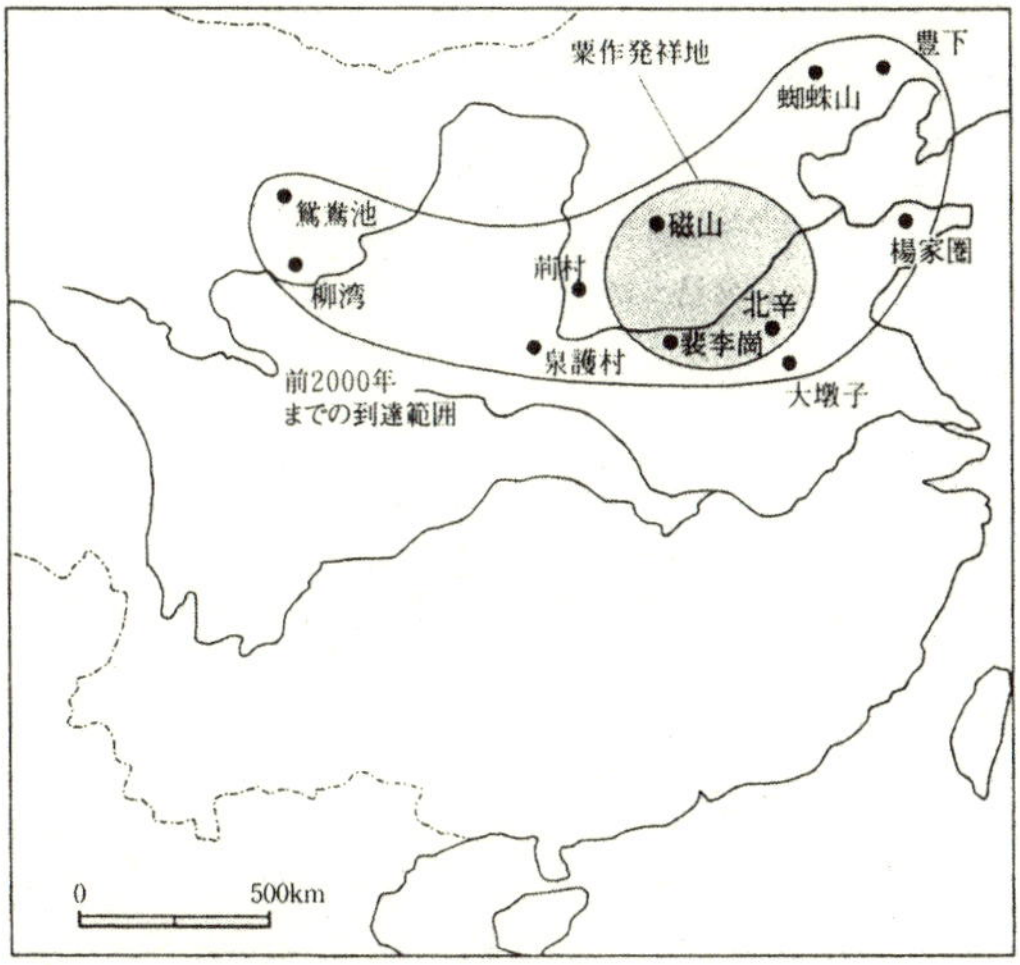

中国における粟作の拡大（中村原図）

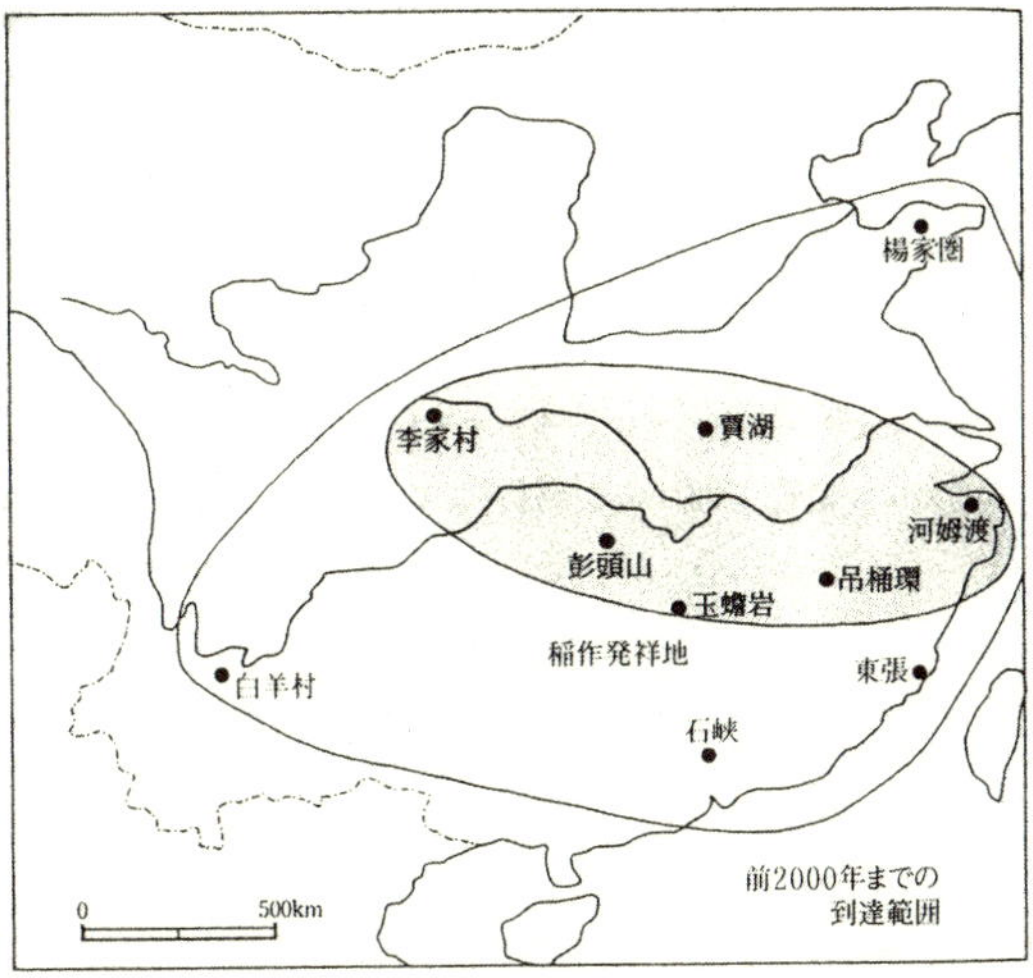

中国における稲作の拡大（中村原図）

の最新成果を明らかにした（企画展「弥生はいつから!?」）[7]。

それによると、朝鮮半島に水田耕作が入ったのは、紀元前一五〇〇年頃のことで、これは北方系の畠作文化（アワ・キビ）を融合したものである。そしてこの融合文化が朝鮮半島から北部九州に紀元前一〇〜九世紀頃には入って来ている。弥生人の重要な食料として、水田でとれるコメと焼畑ではない定住による常畠でとれるアワ・キビ・コムギ・マメ類が数えあげられ、稲作以前に雑穀が始まったという説はまったく否定された。

この炭素年代測定法によると、弥生時代の開始年代は、通説よりも五〇〇年近く古くなる。右に述べた融合文化は紀元前一〇〇〇年前後の寒冷化にともなう大陸側の人々の移動の時期に重なるもので、それはまた殷末周初の王朝交替の混乱期とも重なってくる。つまり初期弥生文化の形成過程に、寒冷期及び大陸の政変による混乱と移動・移住が大きく作用したということである。

わたしにとって、このことは極めて大きな意義を持っている。それは、殷（商）の文化が日本列島に及ぼしたであろう影響の重さである。殷の太陽信仰・祖霊信仰・穀霊信仰といったさまざまな呪術体系が日本の精神文化の遠因となる可能性がある。

こうして弥生文化の始まりについては五〇〇年ほども遡ったが、その反面弥生文化の列島各地や東北北部への普及についても五〇〇年ほどの時間が費やされている。つまり「水田稲作」をもった南部朝鮮からの渡来文化が一気に縄文文化を駆逐したわけではないことがわかったのである。

今回の企画展では、これまでいわれていた西日本の弥生文化と東日本の縄文文化が対峙したという二項対立的なとらえ方は成立しにくくなったと〝新しい弥生像〟を提示している。逆にいえばコメ栽培を含めた採集・半栽培・狩猟・漁撈の網羅的生産類型の豊かさの見直しである。

発掘例をあげれば、弥生前期中頃から中期初頭の北部九州・小郡市三沢蓬ケ浦《みつさわふつがうら》遺跡がある。住居跡に隣接して、水田・畠の遺構や家畜小屋と推定される柵列があり、米・オオムギ・マメなどの小規模な穀物生産と家畜飼育の組み合わせがみられる(8)。

以後、本書他項の縄文・弥生の実年代表記は、歴博年代表記によらず従来のままとする。

焼畑は平地で生まれた

中国の焼畑の場合、最古の事例は、中国の考古学では、黄河支流の渭水《いすい》にそそぐ滻河《さんが》の畔《ほとり》にある半坡遺跡という。その辺りで植生がどんどん変わっている焼畑跡が出てきている。つまり、それほど高い場所ではない。川のほとりである。ヨーロッパの焼畑も、だいたい皆、川のほとりや平地である。昔、海南島へ行ったときに驚いたのは、皆、平地で焼畑をしていたことだった。

雲南の焼畑研究をしている尹紹亭に、雲南の焼畑はいつ頃から始まったのでしょうね、と直接きいたところ、せいぜい二〇〇年くらいではないか、と答えた。では、どこから来ましたか？ときいたら、平地から来たに決まっているじゃないか、と答えた。このように、焼畑の概念は、日本人が考えている山地で行われる焼畑の概念とは違う。日本への伝来は、当初から水田稲作一辺倒できたわけではなくて、畑作も同時に行われていたわけである。焼畑はどの程度、証明できるかわからないが、一応、あったということを考えてもいいかもしれない。その場合でも、平地であった可能性がある。

これを中世史のほうからいうと、『日本中世開発史の研究』(9)を著した黒田日出男の話では、焼畑の「畑」は、「火を入れるハタケ」という意味で、鎌倉時代に、「白い田」の乾いたハタケ(畠)の意味とは区別して、厳密に焼畑に限って使用される国字として発案されたということだ。そして、近世になると、現在でいう普通の畑の意味も混乱して、使用されるようになっていく。中世には、一貫して厳密に使われていた、ということを黒田は述べている。では、なぜそうなったか、わざわざ文字が発明されたかというと、黒田は、低地から山地へ耕地を求めるように、開発がだんだん進んでいった。そのために、山へ入っていったのではないかと述べている。

「焼畑」というのは、いってみれば公称である。民俗語彙からいうと、いろいろな言い方がある。わたしが調べたところによると、『新撰字鏡』という一〇世紀頃の辞書には「阿良万支《あらまき》」とか「也支万支《やきまき》」という文字が、ぽつぽつと出てくる。「阿良万支・也支万支」は、当然、焼畑の意味である。だから、かなり前から焼畑が行われていたこと自体は確かである。しかし、焼畑を行う山で木を伐る場合には鉄器が必要になる。その鉄器の普及の流れとして、一般の人の間に普及してくるのは中世なので、当然、焼畑が広がっていったのは、やはり中世である、ということを黒田はいっている。

民俗学上の焼畑が問題

それでは、民俗学ではどういう考え方をするかというと、「餅なし正月」というものがある。これが現在でも行われていて、正月の大事なときに餅を儀礼食としないで、イモを儀礼食とする。そういう地域が、点々としてある。これを詳しくいうときりがないが、坪井洋文が、未来社の本間トシの説を踏まえて、この議論をはじめた[10]（『イモと日本人』）。「餅なし正月」が散在することに注目して、これは明らかに「餅文化＝稲作文化」以前の文化の名残だといっている。とくに、雑穀のみならずイモ類に価値を置くことで、こういう儀礼がある、ということを述べたわけである。その場合に随伴するものは、「門松を立てない」ということである。それも、当然、坪井は稲作以前の習俗であると主張している。

坪井の考え方は、「餅なし正月文化」＝「イモ・雑穀・焼畑文化」ということである。そして、「餅正月」のほうは、「稲作文化」である。このようにして、完全に日本文化を農耕文化で二つの類型に分けて、桔抗させている。これがあるからこそ、日本文化の活性化も複合化も重層性も生まれてくる、ということを述べる。そういう意味では、佐々木と同じような考え方といえる。

これに対して、千葉徳爾[11]は、民俗事象というものは歴史的に形成されていくものだから、いきなりそんなに古く持ってくることは不可能である、といっている。もちろん、古いものもあるがすべてが古い生活習慣の残存と考えるのは間違いだ、ということで、「門松を立てぬ家」や「餅を食べぬ家」というのは、必ずしも先住した非稲作民のものではなく、我々は世間一般とは違う、由緒正しき家だということを示すためのもので、ある意味で誇張して印象づけるために、特殊な家柄の人たちがはじめたに過ぎない、というわけである。

民俗学者のなかには、とくに山の文化を、山地民的な文化といって、里の文化の先行形態として時間軸を設定する人が意外と多い。そういう人たちは、山の文化の基層に、山の雑穀焼畑がある、ということをいわれる。しかし、これは縄文時代のことを併せ考えると、歴史的事実としては難しい。ただ、そこでいえることは、地理的空間のみならず、心の問題、心情としてとらえてみる必要性がある。里の人たちは常に山の豊饒というものに負うているわけである。とくにお金が使えるようになる前、米を換金できるようになる前の状態、近世以前には、紛れもなく里山なしに生活することは不可能であった。薪でも炭でも、家を建てるときの用材にしても、屋根を葺く場合でも、刈敷という肥料を山から採ってくる場合でも、牛馬の飼料、堆肥、緑肥を得ることも、すべて山に依存している。このように共同体の定住生活者にとって、里山は生活に欠かせない。しかも縄文人ですら、縄文前期からすでに定住者としての日々を送っていたことが明らかになっている。

一方で、また、山には木地師や鋳物師など、日用雑貨をつくって提供してくれる人たちも住んでいる。あるいは、金銀の鉱脈を掘り当てる山師もいれば、天狗や鬼、山姥など、いわゆる山人の類が住んでいるのも山である。だから、神秘的なものとして山が意識されていたことは、当然の話である。

山は物質的な効用を与えるだけでなく、精神的な効用を、いつも与え続けている。そのこと自体は間違いない。また、山に雲がぶつかれば雨が降り、それは水くまり山になる。精神的には、山はいつも仰ぎ見るものだから、祖先の霊もそちらへ行く。そして、森山に霊は鎮まっているともいわれるが、この場合は、森自体が重要なのである。その世界の中心は、森である。それは里山であり、宇宙の中枢という意味では次方に高い山も含まれてくる。生まれてくる子どもの魂も、山から送られてきて、死ぬとまた山へ還る。生命の循環自体が、山を媒介にしている。やがて島宇宙的なムラ周辺の、生活圏内のハヤマ（森山・端山・麓山とも書く）を越えて、後世には奥山に登拝するようになる。

山の神論と成人儀礼

三内丸山遺跡を見学しに行ったときに、縄文人がどういうものを食べていたのか、その類別をみて驚かされた。個人差はあっても、多くの人は一年間でクリを食べることが一番多い。それは、北海道大学の南川雅男が行った分析によるが、ここからみえるのは、雑穀焼畑は考えにくく、あらゆるものを食べているけれども、クリが一番多いということである。魚や動物、海のサメなど、なにを食べていたかが全部わかる。そこからみると、焼畑農耕――稲作以前という図式について、少し考えこんでしまう。しかも、あそこはたった二〇メートルほどの河岸段丘で、決して山ではなく住民を山地民とは呼べない。この集落の存続期間は、一五〇〇年という、考えようもないような、途方もない長期定住生活を営んでいる。

佐々木の「山の神論」に対するものとして、千葉徳爾の「山の神論」はかなりの隔たりがある。まず千葉は狩猟民の山の神は農耕民（むろん焼畑農耕民を含む）の山の神に接続することはないとはっきりいう。狩猟民の山の神は女性であって、この女性神は、春に山に下って、里で田の神に変わるとはいえない。田の神は夫婦神ということはあっても女性神でないのが一般的である。

狩猟民の山の神のうち、明らかに古層に属すると思えるものに、男根崇拝がある。千葉徳爾の『女房と山の神』(12)のなかに出てくるものに岩に刻まれた岩刻画というものがある。アムール川――黒竜江流域と韓国の慶尚南道で発見されている。その他の旧新石器時代の岩刻画も全部を含めて非常に多い図が、狩猟獣と魚類が一緒に描かれている図である。その傍らに、男根を突き出している男が描かれている。男根には古くはどういう意味があったかというと、生物を呼び寄せ

川をへだてて岩刻画をのぞむ

る生命力の象徴ではないかとまず考えられる。この男根は、農耕文化以前の男根である。この機能が、ユーラシア大陸全般に普遍的に広がっていた可能性は十分あるということを、千葉がいろいろな資料をあげて書いている。

これらの岩刻画はB・C・三〇〇〇〜三〇〇年ころのものらしいが、詳細はまだわからない。

わたしも二〇〇七年四月初めに慶尚南道ウル州(現ウル山市ウル州郡)盤亀台の岩刻画を蔚山《ウルサン》大学の魯成煥のご好意により見学した。狩猟獣や魚類を刻んだ岩壁に、男根を出して弓矢を手に狩猟する人物や、それらの最上端にあたる位置には両腕を曲げて招き寄せるような仕草の一人の人物が巨大な男根を突き出して描刻されている。山の神であろう。

すべての動物がこの男根めざして行進するかのようである。魚群の中には鯨も描刻されており、岩壁のすぐ下の河川から一〇キロほど離れた海（以前はもっと近かった）へも出漁し漁獲が行われていたことは明らかである。出猟・出漁の区別なく山の神の加護にゆだねられたのであり、そこでは山民と漁民を区分けする必要もなかったのではないか。

農耕文化以前の男根と言えば縄文生活のなかで男根――石棒信仰は非常に顕著であることは、よく知られている。石棒が山での狩猟や、あるいは出づくり小屋で行う焼畑の生活と関係する、ということをいう人もいる。しかし、男根――石棒信仰は海辺の習俗にもみられる。たとえば新潟県の海辺にある青海町の、縄文晩期の寺地遺跡である。

中央最上部で男根を突き出す

このように縄文時代の男根崇拝は、単に山地の狩猟民文化の範疇でとらえるだけでは、誤りである。海や川など、漁獲にとっても男根は、非常に有効なものである、ということが考えられる。だから、男根の勃起力こそが問題なのであって、狩猟採集時代においては、これを突きつけることで野獣を孕ませるとか、生殖増加をはかるという意識はさらさらないことに留意しておきた

「羽山ごもり」で初参加の若者（福島県東和町）

い。

さらに日本の民俗例でいうと、北日本の熊猟儀礼の場合は、山の神に男根を突きつける儀礼がたくさんある。これは、初参加の若者――男が一人前になった証として、女神である山の神に男根を突きつけるのであって、これは豊饒を願う儀礼ではない。自分が一人前になった、成人式としての証である。そうした成人式の例としてはたくさんある。福島県の木幡山の山祭りでも、男根を持って山に入るとか、有名なのは栃木県の奥日光に栗山村という村があって、ものすごく盛大な成人式が行われている。これは、山の神祭りのなかで行われているものである。このときは、空砲ではなく実弾で的撃ちを競い合い、その後、成人式を行う。このように、成人式の山の神儀礼が、狩猟文化として連綿と続いている。

狩猟民の山の神と、焼畑民の山の神の接続はできない、という千葉の考え方は、さまざまな例からわたしは踏襲できると考えている。千葉は、こういう報告もしている。カツオ船に乗ると、カシキというものがあり、最初に炊事を任される若者がいる。これが、金華山沖や牡鹿半島を巡るときに、いきなり男根を突き出して踊り出す。「へのこ踊り」という。そのようにして、岬の神さまに男根を捧げるということは、農耕儀礼の男根とは意味が違うのである。

東アジアの山の神をおさえる

日本人の山人文化を考える場合に、北海道から沿海州、ツングース系の文化、シベリアにかけての、狩猟民の文化に連なって、いろいろなものを考えていかなければいけないと思うが、その場合、たとえばそちらがご専門の千葉大の荻原眞子の説をみると、アルタイの山の主はウマイといってやはり女神なのだそうである。日本の山の神と同じように、出産を助ける神である。女神であると同時に、狩猟の神である。一方、わたしがみたのは、アムール川近くの大輿安嶺のケースである。大輿安嶺というので、山の中かと思って行ったらお門違いで、汽車で行くと「大輿安嶺ですよ」といわれても、「どこが?」という感じである。峠のような感じのところを通っただけである。これを満族（旧満州族）は、「あんなものは山ではない。あれはネズミの山だ」といってバカにしている。

そこで狩猟をしているオロチョン族を追いかけたところ「母なる川」と呼ぶ川の中で、狩りを行っているのである。山の神をつくるときも、川のほとりの木を削り、そこへ顔を描いてこれを山の神だという。そしておじいさんの姿を墨で描いて、その口元に獣の食べ物やお酒を捧げている。鉄砲を持って、一人で担げる白樺の舟に乗り、大輿安嶺のなかにある川を行く。だから、日本でイメージする山の神とは、全然違うのである。

この山神のことは、パイナチアという。狩りの道中で獲物が獲れたとき、あるいは逆に獲れないときには、すぐに木を削って山神の顔を描きお祈りして、祀るわけである。これは日本のハヤマに似た朝鮮の山の、山の神と非常によく似ている。それというのも、これがクマやトラなど、動物の主でもあるからだ。それと同時に祖霊——始祖神でもある。つまり、非常にトーテム的な要素もそこに入っているわけである。オロチョン族と同じツングース系にはエヴェンキ族がいるが、エヴェンキとは自称で、「森に住む人」という意味

パイナチアに供物を捧げる

である。今は、焼畑を重ねて平原になってしまっていて、どこに森があるのか、という感じであるが、「森に住む人」というのがエヴェンキ族の本来の呼称なのである。ちなみにシャーマンという言葉の語源もエヴェンキ語である。

彼らの山の神は、大地に成育する動物たち、あるいは樹木や森である。つまり、山の神とは大地を代表する「大地の主」と思えばよい。エヴェンキ族の場合は、クマやトラの他にヘビやキツネ、イタチなどもある。しかし、満族の場合はヘビだけである。動物の中では唯一、ヘビが山の神になる。これには、少々驚いた。そしてヘビ以外に山の神を代表するものは女神である。それはなぜかというと、あの地方の山は柔らかく、乳房のようだからである。二つの乳房が並んでいる、だから山の神だ、といわれた。山の神の異名は胸の神とも、森の神とも狩猟の神ともいう。それから、もうひとつはヘビは太陽でもあるという。ヘビは春分を過ぎ暖かくなると穴から出てくるが、そのときにきらきらと七色に光る。これが太陽を呼び出しているわけである。確かに、だんだん太陽の輝きが増してくるわけだから、当然、七色に輝く代表として、ヘビが思われていることはわかる。

山の神はここでは、大地とそこに成育する樹木と動物たちに代表されている。

ナギハタでは火をイブリでかき降ろしてゆく

山と山の神と焼畑

一方、焼畑儀礼の中の山の神をみてみよう。

石川県能美郡新丸村小原は、今はダムの湖底と化しているが、ダムの周辺の山地でナギハタ（焼畑のこと）を行い、収穫祭を移転先（加賀市分校《ぶんぎょう》町）の民家で行っていた。稗・粟・キビなどを桶状の輪蔵《りんぞう》に飾り、その前に一対の熊の頭蓋骨を置く。熊は山の神の使者であり、使者としての熊は夫婦熊であるという。ナギハタを行う場合、白山麓ではまず山の神に対して「場所をお借りします」という挨拶から焼畑儀礼は始まる。収穫祭をナギ返しというが、ナギ返しでは男根状のワラヅトを男女に分かれて引き合い、ワラヅトの中から秋の実りの果実などがこぼれる。これらは明らかに農耕文化の中の男根の使い方である。

わたしが訪れたことのある熊本県球磨郡水上村のコバサク（焼畑）の山の神も、まったくの夫婦神で、夫婦の前に二つの産褥《さんじょく》（ワラ製の育児器）を置き、それぞれ切紙の赤子が入っていた。コバサクの作神であり、山の殖産神的性格をもっていた。

近江の山の神は山を持つすべての村に祀られているが、祭りのほとんどは春秋二季になっていて、春は一～二月、秋は一〇～一一月である。山の神の日には山で白兎をみることを忌む。白兎は山の神の使いで、山の神がこれに乗り、春は木種を撒き、秋は木種を拾うからで、これに行き会うとその怒りに触れると伝える。殖産神としての性格が強いものは、山麓で山に入る路傍に祀り男女別々の単独神が多く、作神的なものははっきりとした夫婦神でオン（雄）とメン（雌）二体の木偶を和合させ五穀豊穣を願う。

こうして山の神の性格は複雑で、山から里への神霊の交替を考える場合、春の田の神が秋に山へ入って山の神になるという伝承なども、そう単純にはいかない。山の神、田の神の去来伝承は、たとえば山から山の神が田に降りないで、畑に降りるという伝承もたくさんある。それから、また、その場合は田の神にならずに作神さまになっているわけである。一方で、また、天から降りてきて、つまり天地を去来するものもあるし、家と田を去来するものもある。画一的に山と田を去来しているわけでは、決してない。

つまり、日本の田、というのは水田という意味を持っていて、畠は白い田、乾いた田んぼであ

赤子を入れたワラの産褥を前に置いたコバサクの作神である夫婦の山の神（熊本県水上村）

る。ちなみに白い田の畠は、日本でつくられた字で、中国では、田は土地を区画したものを表す。だから、畠も田だし、水田も田、焼畑も田である。大地の土地を占める、所有しているものが、やはり神霊として重要視される、ということが考えられる。

山野を配するヘビ

中国東北部の山の神に意外とヘビが多かったように、日本の場合も山の神の性格のうち、ヘビが重要な役割を担っている。三諸山はもちろんヘビであるが、『常陸国風土記』の夜刀《やと》神も頭に角がある蛇体の神である。その他、『今昔物語集』『日本霊異記』に出てくる山の神も、皆、正体はヘビである。『沙石集』などは、ムカデと山の神とヘビは知音――親しい友人関係であるという話を載せている。

池田源太(13)の話では、山の神信仰の中には、焼畑づくりのときの唱え言として、「山を焼くぞ、山を焼くぞ、山の神も大蛇《おろち》どのもごめんなされ、ごめんなされ」という、山を借り受ける――地もらいの儀礼を行う場合に、山の神もヘビも一緒くたにした言い方をしている、という指摘がある。これが作法になっている。

一方、野の神もヘビである。『日本書紀』『古事記』などで、山の神はオオヤマツミノミコトであり、その次に生まれたのが野の神、カヤノヒメである。これは、またの名を「ノヅチの神」といって、つまりヘビである。茅がヘビになる例は、民俗伝承としてはたくさんある。このように、野の神が茅の神であり、ヘビであり、山の神であるということは、大地を支配している連中は、皆、山の神だとある意味では考えられている。

日本の場合、やはり山野を支配するオオモノヌシ、あるいはオオクニヌシつまり、国の主であり大地の主である、という主――ヌシの観念、これと中国東北部で聞いた山の神の観念が、非常に近い。ヌシなのである。大地を支配している連中だ、ということをいっているわけである。

三諸山（三輪山）のオオモノヌシは、やはりヘビである。と同時に日神でもあるがこの山の神は、いってみれば山や里といった地形にかかわらず、基本的に大地の主であると考えたほうが、むしろ実際に即しているのではないか。

山の神を大地霊ととらえるとき、日本人が峻険な山の地勢から導き出す山への畏敬の念の束縛から解き放たれる。そのとき、中国江南の少数民族が山の神の多くを土地神と考える観念にはじめて近づいてくる。

マレビトの出自を問う

日本の来訪神については、山人であるとか山民といった、山を異界として住む者から福が授かるという視点で語られてきた。来訪神は折口信夫の造語によるマレビトに類似する観念として一般化してもいる。マレビトは常住せずに稀に来る人、客人《まろうど》、客人神を意図している。

折口信夫がマレビトの信仰によって、日本文化の基層を解き明かそうとしたことはよく知られている。日本の正月に出現するマレビトについては実にさまざまな論議が重ねられていて定説はない。来訪神は、日本民族文化の基層に横たわる永遠のテーマであり、広義の来訪神は中世芸能である能の中にもきわめて日本的なかたちで存在していると、かつて拙著『鬼の復権』で、照射したこともある。

来訪神とは、季節の変わり目に、恐ろしい姿をした者が、ときに鬼面をつけて家々を訪れるもので、わが国では、ナマハゲ、アマメハギ、ホトホト、トシドン、マユンガナシなどの呼称で、北は青森から南は沖縄まで広く行われている。その多くは、蓑笠姿で、身をやつした異装で訪れ、杖をついてくる。

さて、来訪神をわが国根生いのものと考えた一国民俗学の見解に従えば、来訪神とは時あって異郷から訪れて人びとに祝福を与える神とされた。その時とは季節の変わり目をいい、正月を最も大きな折り目とした。異郷とは、この場合、地理的空間的な意味に加えて、時間的にもこの世とへだたる他界、死者の国をいう。人が死ぬことを「他界する」というが、「異界する」とはいわない。来訪神は死者の国から訪づれる死霊であり、祖先神であり、正月に訪れる年神であるというのが民俗学の主な見解である。

また、古代では死ぬことを「身失《みう》せぬ」「身《み》まかる」とか「隠れる」といい、隠れた死者は鬼であった。岩波古語辞典によると、オニは「隠」の古い字音onに、母音iを添えた語とし「鬼、和名於爾《おに》、或説云、隠字、音於爾訛也、陰陽道における獄卒鬼、邪鬼の像が強く影響していると思われる」と解説し、邪悪な鬼は後世のもので本来の鬼ではないとしている。日本の鬼が仏教の地獄の鬼とは違い、どこか憎めないばかりか、民話「こぶとりじいさん」の鬼のように人間そのままに踊り狂うのは、オニの出自に以上のような背景があるからだと考えられた。鬼やらいにしても、大分県国東半島の修正会の鬼は仏の化身として祝福を授ける善鬼であり、神戸市長田区長田町の長田神社の節分の鬼も、悪疫を祓ってくれる聖なる鬼であり、節分の豆も本来神に仕える「散供」である。これらは、すべて日本古来の民俗に根ざすと民俗学は主張してきた。

岡正雄の異人論を受けた坪井洋文

わたしは一国民俗学の枠を超えた比較民俗学的方法により、来訪神の本質を、明らかに祖霊と読み解いた。しかし、このような主張に対して文化人類学、あるいは日本民俗学の内部からも近来批判が相継いでいる。小松和彦は『異人論』『異界巡礼』[14]などの著書で日本民俗学の来訪神の見方に対して、来訪神を祖霊としたのは民俗学者の誤解であるとくりかえし指摘している。

さらに批判は民俗学の内部からも上った。坪井洋文は、蓑笠姿を旅姿と解し、それに遠い昔に山の民の守護神であったものが、山の民が里の民になったために、新年になるとわざわざ祝福に訪れるのだとした。その衣装は、実は「山に生きた人々の日常の姿」で、来訪神は祖霊の姿をかたどるものではないと解いた。[15]

これらの発言以前に、岡正雄は「メラネシア社会史の日本文化史への暗示」という論文で、マレビト研究に大きな影響を与えている。岡の『異人その他』に所収される論文で、交換なり贈答なりを軸とした幅広い社会史との観点から、異人の重要な資格として〝交易〟を挙げている。岡はメラネシアのドゥク・ドゥクを来訪神としてとらえ、日本のマレビトの原型に当たると暗示する。岡はまた、クリスマスの贈物は古い習慣で、元来は主人が家族や召使に贈物をする慣習であり、この慣習が異形の訪問者のもたらす贈物、子どもの守護神ニコラスの聖伝などと結合して、今日のようなクリスマスの贈物の風習ができ上がったのだろう、といっている。

岡は、このような贈答と饗応の社会的慣行を仮面仮装者の来訪の基盤に据えて、わが国のマレビト信仰に重なるものとした。贈与と返贈との慣習を異人論の軸に置いたのである。岡は蓑笠から離れて、異類異形の姿をただ仮面仮装の装いととらえた。

また、岡の視点は交易を異人の資格としたため、異人が聖なるものの象徴である必要性はむしろ失われている。マレビトとは何かという問題の立て方が違うのである。岡の考えの底にあるのは無言貿易で、原始未開人が直接に顔をみせ相対して交換することを恐れ、交換当事者が互いに姿をみせず無言で財物を交換したことを原型として仮面仮装の秘密祭儀が生まれたと想定しているのである。

さらに岡は、石田英一郎、江上波夫、八幡一郎を交えた討論『日本民族の起源』の中で、仮面仮装の来訪者の社会的基盤は芋作文化にあると想定した。岡の諸論を受けて坪井洋文は、住谷一彦、山口昌男、村武精一との討論『異人・河童・日本人』(16)の中で、日本文化は定着民の水田稲作文化と遊行民の畑作文化から構成され、「このイネ文化とイモ文化とが完全に対立するのではなく、沈黙の交換という形で連帯し、結果として全体の秩序を調和させているのが正月に訪れる」マレビトであると位置づけた。坪井は水田稲作民からみれば畑作民は異人ということになり、日本文化の中の異人であるといえるといっている。

坪井のいう「沈黙の交換」とは、「正月のマレビトは農具の雛形とか福俵、銭さしなど、農具やめでたい物を持ってきて訪問先の家の中に黙って投げ込むとか、豊年を予祝する祝言を述べ」、「その代わりに（稲の象徴である）餅を貰ったり酒食の饗応にあずかる」ことを指している。そして「予祝的呪物と餅などの交換という形をとるのは、新年の宇宙再生と秩序化に異人の果たした役割の重要さを示すものといえないでしょうか」といっている。

つまり、坪井は「イネ文化とイモ文化とを異質の体系として捉え、両文化の接触する境界に」生まれたのがマレビト行事だというのである。今日でも、佐々木高明は、イモ・雑穀文化については南島経由の伝播をいい、マレビト信仰が顕著に認められるのも、トカラ列島以南の地域であると主張している。

マレビト――《雑穀と水稲》

新年の来訪者習俗をイモ・雑穀、とくに粟作と結びつけて、水稲耕作民文化以前の古い栽培民文化にすでに存在していたと主張する研究者は多く、大林太良や伊藤清司も含まれる。『常陸国風土記』の福慈《ふじ》と筑波の伝説において「わせ」に「新粟」の字を当て、『備後国風土記』逸文では、一夜の宿を乞うた武塔神に、蘇民将来が粟幹を座席とし、粟飯をもてなしている。また、『日本書紀』では、スクナビコナの神は、粟を蒔き、実った粟の茎にはじかれて常世国へ去った。

こうした史料からみて雑穀・粟の新嘗におけるマレビトを否定することはできない。しかし、粟作と結びついたマレビト祭祀を水稲耕作文化以前と截然することはむずかしい。中国江南における稲作起源地においては粟の新嘗を稲の新嘗に先行させることは不可能であるとわたしは考えている。

わが国のマレビト信仰の淵源も、わたしは江南に置いているが、原型としては稲作文化に立脚したものと考えている。

これまで縄文人といえば、採集・狩猟・焼畑耕作という図式が示されてきた。七年〜一三年毎に耕地を切り替え移動するのが焼畑耕作民である。その図式に導かれ、稲作民が定住民であったことに対して、非定住民の烙印のもとに、山地を移動する〝山地焼畑耕作民〟こそが縄文人であると。

縄文人が日常的に摂取しているタンパク質の比率は獣肉三〇パーセントとされ、これをカロリーに置き換えると、全体の一〇パーセントに満たないといわれる。前述したように、青森県・三内丸山人の人骨に含まれる炭素と窒素の分析から、当時の食生活を推定した北海道大学の南川雅男によると、半分以上はクリを食べていたことが明らかで、他はヒエ、肉、魚介類、大型海産動物である。居住地の周りではクリを栽培していた。このように縄文人の食物対象は広範囲で網羅的であったし、一五〇〇年という恐るべき長期にわたり定住した三内丸山人から推してみても、縄文人を山地焼畑民とも狩猟民とも規定できない。日本の縄文社会が定住社会をつくりえた要因は、食生活の大半近くを依存していたクリにあったとする考古学者も多い。定住は縄文前期から一般的にみられる。

粟作と結びついたマレビト祭祀を稲作以前とする人びとは、中国江南にその原郷を求めている。しかし、長江と黄河の初期農耕文化の比較研究を試みた甲元真之(17)によると、長江流域の新石器時代初期の段階においては、稲作を行い、ブタや水牛などの飼育をし、特定の食料に大きく依存することはなかった。しかし、大渓文化、菘沢文化段階になると家畜の比重は低下し、動物性タンパク質の多くは魚類に求められ、稲作を中心とした水辺での生業活動が主体となる。新石器時代後半期の良渚文化段階では、栽培穀物はコメ、狩猟はニホンジカそして河川漁撈に依存する選別的な経済類型にまで発展していったという。

一方粟作はというと、黄河流域に起源したと推定され、初期の段階こそ食料対象は網羅的であったが、仰韶文化期では粟を中心とし、キビやコウリャンを栽培し、一部では長江流域の影響をうけて稲の栽培もなされた。

甲元の研究は先にも触れた通り大勢において肯定できるものであり、考古学的見地を代表するものと思われる。つまり、中国石器時代の栽培穀物の分布として、北の粟、南の稲の大枠は動かし難い。今日では稲作の起源を長江中流域に、一万数千年以前とする説(18)が有力であり、黄河流域の仰韶文化期のアワを越えた古さである。粟の新嘗における来訪神信仰が江南を原郷とするとは考えにくい。江南の稲作と結びついた来訪神信仰をまっ先に考えるべきであろう。

新たなる展開・儺文化

ナマハゲのごときマレビト祭祀は日本民族文化の固有ではない。それは明らかに、東アジアの儺文化の系統に属するというのが十数年来のわたしの主張である。儺とは、災難や邪、悪霊を祓い、福を招くことを目的とする芸能で、鬼神の登場する仮面劇である。これを儺戯というが、日本では唐代の儺の強い影響を受け宮廷行事・大儺がはじめられ、やがて寺院の法会にとり入れられている。

中国では宮中の儺を大儺、あるいは国儺というが、これに対して民間の儺を郷儺という。儺文化は巫による豊作祈願の呪術として出発しており、儺文化の母胎は農耕文化にある。白川静の『字通』によると、儺は難と同字で、旧字は難につくり、莫＋隹（鳥）であるという。『説文解字』には「難（難）、鳥也」とし「莫声」としている。ここでは莫を鳥の声と解いている。

かつてわたしも訪れたことのある河姆渡遺跡は七〇〇〇年前の長江下流域の水稲耕作文化の遺跡であるが、稲の豊穣に欠かせない太陽を鳥の声で呼び出す、太陽と鳥の組み合わせのシンボルマークが多数出土している。板状の象牙に線刻された〝太陽を抱く双鳥紋〟には左右に三つずつ穴が通っていて、巫者が首から紐で吊ったのであろうといわれている。巫は太陽を司祭するものであった。比較図像学からの詳細な考察で知られる林巳奈夫は、(19)四〇〇〇年前の良渚文化の玉器・琮の太陽神図像に、河姆渡のシンボルマークは受け継がれているという。琮は社の壇と同じ用途をもち、正方柱状の琮の中央の孔にはチガヤが挿され、ここに酒を注いで祖霊に献じたと、林は考察する。良渚文化は、むろん稲作文化遺跡である。長江中流域で野生稲からはじめて栽培化に成功した民族と推定されるミャオ族は、今でも年はじめにチガヤを村の中心の柱の下に挿して酒を注ぎ祖霊に献じている。柱は楓香樹でつくられるが、ミャオ族にとって楓香樹とチガヤはこの世にはじめて生えた原初の植物であるという(ちなみに『日本書紀』では原初の植物にアシを当てている)。柱の頂には鳥を留らせ、真東に向けて春分・秋分の太陽を迎えて祭りを行う。さらに人びとは鳥装して踊り、鳥の綿毛のような茅の穂花を鳥毛と同様に神霊の依り代として尊んでいる。『説文』では、茅を束ねて立て神の依り代とすることを蕝《ぜつ》というとある。蕝は茅の穂花——つばなのことで、茅蕝は『国語』や『儀礼』にも記され、祭祀用として鳥の羽毛と交互に使われた。秋に穂をつける山地の草原のススキと違い、チガヤは六月ごろつばなをつける。チガヤは里に育生し、山地には育たないイネ(禾本)科の植物である。因みに、鳥と巫との結びつきは、殷の甲骨文にみられる。鳥の形である「隹」は唯とも記した。唯は唯々諾々《いいだくだく》(「ハイ、ハイ」)と命に服するときの唯で、白川静(20)は唯の傍にそえられているのは、口ではなく𠙵《さい》で、神意を伺うために祈る祝詞だという。

儺神と来訪神は同系

唐代の儺神は男女一対の鬼神であったが、その名は知られない。貴州省のミャオ族およびトウチャ族の伝承では、始祖とする兄妹神である伏羲《ふっき》女媧《じょか》を奉じ、儺公・儺婆としている。いわゆる武陵桃源の地にある天井寨（村）のトン族はトン語で儺戯を行い、儺神としての姜良《きょうりょう》と姜妹《きょうまい》とが始祖となるさまを演じる。

『漢書』地理誌には、長江中流域を中心とした楚の風俗として楚人は巫や鬼を信じ、過度に祭祀を重んじると記されている（信巫鬼、重淫祀）。漢族からみた楚人の印象であろう。楚の原住民はミャオ族と考えられるが、現在、広西チワン族自治区の大苗山に住むミャオ族の村には儺神である始祖神あるいは祖先神が年はじめに来訪する行事が数多く伝承されている。

広西チワン族自治区安陲郷一帯の正月に、マンガオという異装の来訪神があらわれるが、ミャオ族にとっての正月は稲の刈り入れ後の季節祭で、刈り入れの早い遅いで時期がずれる。こうした生産暦こそ本来のものであろう。マンガオは古い古いという意味で祖先神のことである。仮面をつけ霊草（トウチャ族の来訪神がチガヤであるように、もとはチガヤであったろう）で荘厳し、数人が家族としてあらわれ、田仕事や魚捕りの仕草をし、男性役は男根をふって村の女性につけ

マンガオは子孫を守護する（安陲郷）

て子孫繁栄を願う。

マンガオ役は、むしろ病弱の人が扮し、本人の厄除けともし、手足に鍋墨をつけ、手に杖を持つ。集落によっては村の家々から集めたボロを衣装とし、村の災厄の一切を身につけて追放される。追われるタイプの来訪神は村の神であるとも想像上の獅子であるともいう。除災もいわば招福の裏がえしである。福を授ける来訪神は、村を立ち去るとき空に銃声が響き、川下の夕靄《もや》の彼方へ消えていく。それを見送る村人たちは総出で、別れを惜しみ、涙を流さんばかりに、来年また来てほしいと願う。

廣田律子によると、貴州省のイ族が伝える来訪神・ツォタイチーは、祖先神であり、この地が飢饉であるので、穀物をもたらし、人びとを救いにきたのだと述べる。

来訪神の本質は、稲が枯渇して死を迎える――つま

地神踏み（全羅南道大村面）

り刈り入れの時に出現するところにある。稲に限らず「食料の貯蔵の更新を支配する儀礼によって」時間の区切り＝正月は決定される（エリアーデ『永遠回帰の神話』）。そうした意味での正月に出現してこそ来訪神なのである。

出現の時期そのものに意味を持つのが来訪神であるならば、山の神は似て非なるものである。山という境界領域に出没する山の神は異人にはちがいないが、山に常住し、いつ出現してもおかしくない。山の神はこの世のはずれの異界に住むが、来訪神は祖霊でありこの世ではなくあの世である他界に住んでいて、この世が危機的状況のとき、新しい時間と、穀物の招来を担って一時的に出現する。いわば天地創世の象徴的再創造をはかるのである。来訪神は民族にとっての神話的始原の時間を毎年くりかえしもたらす。

来訪神儀礼は本来水稲耕作文化複合として出発したが、水稲の伝播が雑穀地域を経由した際に、来訪神儀礼が雑穀耕作文化と習合した、とわたしは考える。長江中流域に起源した水稲耕作文化は、主なルートとして山東半島から朝鮮半島西海岸を経て北九州へ至る。その間に雑穀と稲作の混作文化をつつみ込んでいる。

稲作文化複合としてのミャオ族の来訪神はチガヤ信仰と深く切り結び、チガヤによる草装を原型とした。しかし、もともとチガヤは寒冷地では生育しないため、『史記』によると山東半島を含む斉の国ではチガヤがなく、宗教活動に支障があるので南の楚の国に貢物としてのチガヤを早く献ずるようにうながす記述がみえる。朝鮮半島でも南部ではチガヤが生育し、「鬼祓いの草」といって家畜のお産のとき小屋にチガヤを張ったりした。が、チガヤで草装した来訪神はまったく知られない。なぜか。半島では仮面仮装の仮面戯が民間で圧倒的勢いで発達したせいではないかと思われる。

『東国歳時記』によると、江原道高城地方では年末に祠堂で神を迎え、村落の家々を訪問して儺礼を行った様子が記述されている。これを現在の農楽隊の地神踏みと同一とする研究者は多い。民間の儺である地神踏みが基礎となりさまざまな仮面戯が生まれているが、来訪神的要素はどこまでも中心にある。朝鮮では、蓑笠姿で杖をつく来訪神が芸能として拡散し、仮面戯の盛行にとって代わられているとみるべきだろう。

来訪神は他界からの祖霊

来訪神儀礼の考察でぜひ欠かせない視点は、神出現の時期についてである。これは来訪神に対して、おどろおどろしい妖怪やもののけ、あるいは山を異界として山に常住する山の神などと区別するためにも必要な視点である。

仮面異装の来訪神信仰は儺文化に連なるものとするのは新しい研究動向である。疫鬼を祓う儺神に、はるか古代の神話上の始祖神を当てたのは、追儺の初発の段階からであろう。みえないはずの始祖神や祖霊・死者の魂を表現するためには面具にそれらの神霊を憑依させなければならない。古代中国ではその面具を「魌頭《きとう》」といい、鬼神の形で表わした。鬼神が疫鬼・悪霊を追ったのである。鬼神はあの世から出現する死霊である。死霊には二通りの死霊がある。天寿を全うして亡くなった正常死者がまずあげられる。子孫により手厚い供養を受けて、祖霊として他界に送られている。一方、あの世・他界へは行きたくとも行けずにこの世のはずれの疑似他界でさまよう死霊がある。非業の死を遂げて凶魂《まがたま》となった異常死者たちで、多くは未婚のため子孫という祀り手もなく供養も受けていない。正常死者は祖霊であり、鬼神となるが、異常死者は悪鬼となる。

簑笠姿と祓いの原理

中国・朝鮮・日本それぞれに、はじめ鬼神である方相氏が疫鬼を追ったが、わが国では天永二年（一一一一）ごろに書かれた『江家次第《ごうけしだい》』の「追儺」の記事では、目にみえない疫鬼を追うはずの方相氏が逆に疫鬼として追われるようになったとされる。しかし、宮中とちがい民間の民俗行事の中では多少の変質はあっても鬼神は生きている。

仮面仮装の来訪神には際だった特色がある。一つはその出現の時期であり、一つは異装の姿である。そこを突けば、来訪神とは何かが自ずからわかるはずであるが、そうした視点に立つ研究はほとんどみられない。

来訪神の多くはワラで草装しているが、本来はチガヤで「草荘」したと思われる。谷川健一は、宮古島の男神・女神について、『宮古旧記』島始《しまはじめ》では、「男神は紅葉を以て身を荘厳す。故に木荘神と云ふ。女神は青草を以て身を荘厳す。故に草荘神とふ」と引用し、島始で出現する神が「青草を以て」「荘厳」し「草荘」したことに注目している。(21) わたしはこの青草をスサノオや鬼の蓑笠同様にチガヤが原型と考えている。『日本書紀』一書ではスサノオは、さながら大祓の蒭霊《くさひとがた》のごとく「青草を結束《ゆ》ひて笠蓑《かさみの》」として根の国へと追放される。チガヤこそ祓いに不可欠な青草であった。

白川静は、死霊を鬼といい、死喪の礼に関する字は衣をその表象として構成されるとする。たとえば「褮《えい》」は『説文』に「鬼衣なり」とあり、衣はここでは魂を包むものである。続けて、わが国の「蓑笠」について「夜《よ》、笠蓑を着て人の屋《いえ》のうちに入ることを忌む」（「神代紀」上「私注」）といわれるように、蓑笠は忌むべきものとされて、鬼衣に同じと記している。(22)

右の「神代紀」（『日本書紀』）の「私注」（一書）については、さらに付け加える必要がある。スサノオが高天原を追放されて根の国に下っていく途中、雨が降っていたので、青草を束ねて蓑笠とし、神々に宿を乞う。ところが、神々はこれを拒んだ。それ以来、世に蓑笠姿で他人の家に入ることを忌むこととなった。そしてもしこれを犯すものがあれば必ず「解除《はらへ》を償《おわ》せる、これ太古の遺法なり」と結んでいる。

岩波文庫本の『日本書紀』の校注及び岩波古語辞典を参照すると、ハラへとは自分の犯した罪や受けたケガレの度合いに応じて、それを晴らすように何らかの物を差し出すこと。ハラと合へとの複合語で、ハラは晴れと同根の語、つまりケガレの状態からハレの状態へともっていくための行為で、そのためには祓の料（手数料）として、金銭なり食べ物なり、何らかのものを差し出さねばならない。

茅人がもたらす年越しの魂

来訪神儀礼の多くの事例には物のやりとりがつきまとっている。これを直ちに、「交換」「贈答」、つまり「交易」ととらえると重大な誤りを犯す。トシドンやナマハゲは年越しにトシダマ（年の魂）・ニダマ（新しい年の魂）を授ける年の神であると同時に、蓑笠姿で他人の家に入りこみ、かならず祓を課される祓われる神である。災いや厄を一身に担って祓いやられる除災の神でもある。厄除け、祓の行事は裏を返せば招福と同じことである。カセドリや正月の物乞いに食物を与えるのも祓の料と解される厄落としなのである。ナマハゲが落としていったワラ切れで頭や手首を巻くと、頭痛やソラ手（手首の筋肉痛）がなおるといい、年寄などがありがたがる根拠もここにある。

江南の儺文化や道教の中には、しきりと茅人《ぼうじん》が出てくる。人間に置きかえれば儺負人である。災いを担って祓いやられる草人形である。『礼記』檀弓下篇に「塗車《としゃ》・芻霊《くさひとかた》、古へより之あり」とみえる。塗車は泥でつくり色を塗って金具をつけて本物の車のようにみせかけたもの、芻霊は草で作った人や馬で、いずれも死者に車を与え、人馬で死者の魂をあの世へ送るものである。わが国においても、茅や葦でをつくり葬礼や大祓に盛んに用いられた。茅の人形によって禊をしたことを詠んだ左の歌は、中村義雄著『魔よけとまじない』[23]に『堀河院百首』夏・所収で引用されている。

沢辺なる浅茅をかりに人にして

いとひし身をも撫づる今日かな　　俊頼

現行の民俗としてはワラやマコモの草人形として各地で行われているが、本来チガヤである。かつて祓の機能の本質は、シメナワをはじめワラではなくチガヤにあったことを看破した学者がいた。大森志郎といい、『やまたのをろち』(24)や『歴史と民俗学』(25)を著し、くりかえしチガヤの意義を説いたが耳を貸す研究者は現れず、ただ『湿原祭祀』(26)を著した金井典美が受け皿をもったが、いずれにしろチガヤの重要性は無視され続けてきたといっていいだろう。

大森は出雲の須佐神社で節分の日に茅の輪を頒ち、村の人たちはそれを首にかけて持ち帰ることに着目した。節分は立春の前日である。かつて立春正月の暦の時代、節分は年越しの日であり、年の数だけ豆を食べた。茅の輪は年の神をむかえるのに欠くことができないものなのである。節分を年越しという言い方は、東京でさえあった。大森は茅の輪は避疫の器具だが、一年中身につけているのは不便だから疫病のはやるときだけつけたとする。そして一二世紀、六月祓にスガヌキ（菅抜）を首にかけるという藤原忠通の詞を記載する。

いまだ知らず何物か菅抜と号して、

草を結んで輪の如くして首蒙せしむ

堂山木に張られたクムチュルに韓紙をつける

チガヤで作ったのが茅の輪で、スゲで作ったのがスガヌキだが、同じものとして扱われてきた（『やまたのをろち』）。

カヤを忘却し、稲ワラに代える

須佐神社での茅の輪を村人たちは「節分のシメ」といっている。シメナワは茅の輪なのである。チガヤは秋には枯れてしまうから迎年の儀礼には用いようがない。正月はトシの神の祭りであるから、トシ、すなわち米の、ワラを儀礼に用いるのは当然でもある。しかし、シメナワが茅の輪にほかならないということは、材料が違い、言葉も違うために、今日まで見忘れられてきた。これは、民俗文化にとっての、大いなる忘却であった（『歴史と民俗学』）。

神社のシメナワは、標縄とも書くが、シメは本来占有の意で、標縄はそのしるしである。シメナワは、とくに神聖な場所を区切って他と遮断するため結界をつくる縄のことで、タブーを意味する。韓国でも部落祭が行われる何日も前から村の入口に禁縄を張る。禁縄はクムチュルといい、ワラ縄に松葉を挿し、その間に細長く切った韓紙を挿す。堂山木、石の堂山、山神堂、チャンスンなどの聖地に禁縄は必ず張られている。[27] 中国貴州省のミャオ族、トン族、ヤオ族の居住地域ではチガヤを直に挿すか、藤づるを張ってところどころにチガヤを垂らす。

戸口のチガヤに幣に似た白紙が下がる（中国貴州省）

わが国の神道や神楽の本質が祓にあり、祓の起源を説く諸説、ケ・ケガレ・ハライの民俗文化の構造を解く場合に、チガヤ信仰の重要性に触れることはまったくない。不可解である。来訪神が新しい時間をもたらす年の神であることは、トシドン、トシノイサン、ヤマドッサンなどの呼び名からも知られる。チガヤの機能は葉先の鋭さから剣にもたとえられる厄除けであり、チガヤは神を招く草標にほかならない。年末年始の祭祀、時間と暦の儀礼に欠かせないのがチガヤであり、来訪神がチガヤで草装している意義もここにある。

今章は、来訪神の本質を典型的に示す〈他界からの来訪神〉、つまり同族集団の祖霊・始祖神を中心に述べた。

しかし、さらに広義の来訪神としては、この世の空間からの〈異郷からの来訪神〉を加えることができる。これはあの世の時間からの〈他界からの来訪神〉を下敷きにして発展したもので、祝福芸能民や、支配被支配の関係にあるもの、民族的共生・客人款待や異人殺しの習俗に至るまでのさまざまなバリエーションが考えられると思う。神の零落とおぼしき贈答もあるだろう。けだし〈他界からの来訪神〉は祖霊信仰の及ぶ範囲に分布が限られることはいうまでもない。

第二章

自然崇拝、日神を育む

万物有霊の世の中にあっては、
何であれカミになり得た。
しかし古代においては
抜きんでて太陽霊は偉大であった。

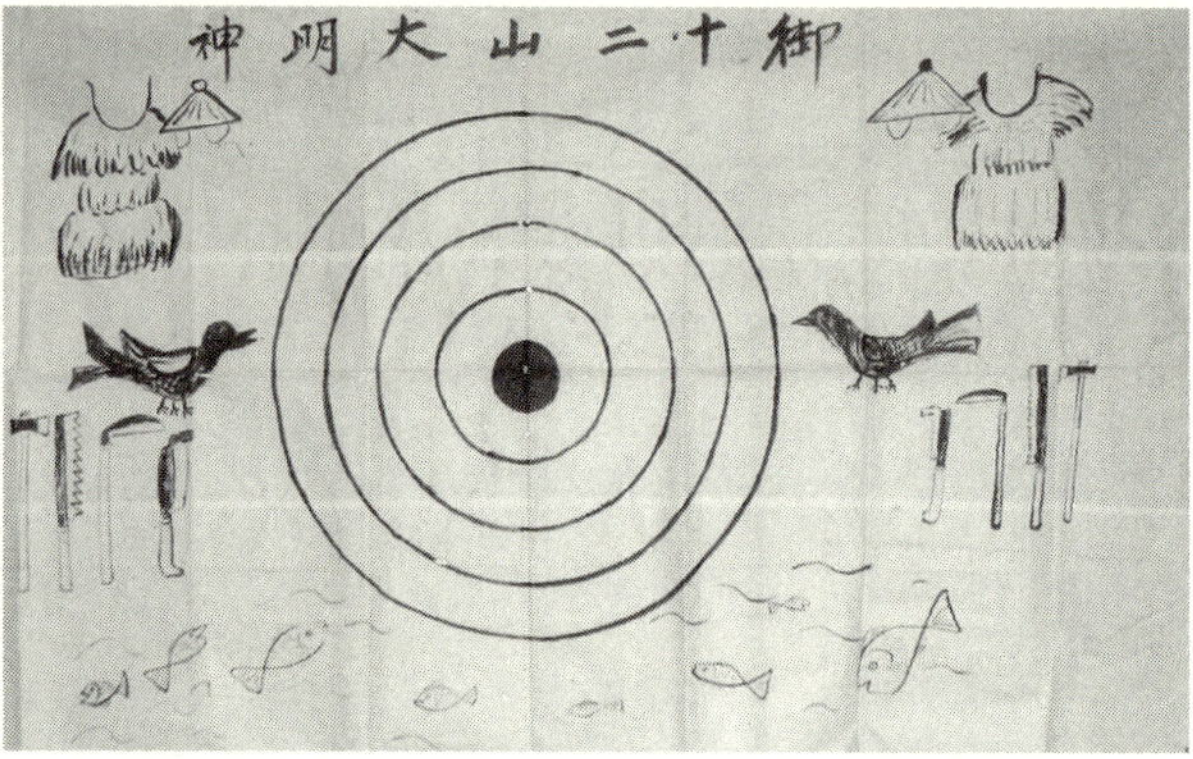

十二山様の的の一例。三本足の鳥は太陽を意味する（新潟県六日町）

時間は射日で切りかえた

かつて、ネリー・ナウマンは『柳田国男生誕百年記念国際シンポジウム（一九七六年）』において、そもそもの最初に狩人の神があり、これは山の神としての動物の主であって、それと並んで植物界を支配する木々の主、山の主、大地の主が現れ、やがて山を開拓して焼畑を作る一方、同時に狩猟を行う農耕者たちにとっての山の守護神・山の神を生むに至った。田は山の神の支配する森から遠い存在であったので、冬の山の神、夏における田の神という相互の役割分担が生じたと、原初形態の山の神が徐々に変化してきたと推察した。

わたし自身はネリー・ナウマンの狩猟段階の山の神が動物の主であるといい切ることにまず違和感を覚える。また、これはほとんどの研究者が触れることなくきた山の神のバリエーションのうち上信越・佐渡の十二様、東北の十二山の神と中国の射日神話との関係を東北アジア的要素とする考え方も異論がある。実は射日神話は中国北部に起源したものでも、狩猟だけが生業であることが前提となるわけでもないからである。それにしても、十二様の習俗の中に射日神話の要素を指摘したこと自体は重い意味があると思う。ネリー・ナウマンの大著『山の神』(28)の中でも卓越した理論がそこにこめられているが、注目すらされていない。

十二山様の行事を六日町大字余川字坂戸《さかど》に例をとれば、三月一二日（もと旧二月一二日）がその十二山様（十二講）の日である。前日に、祭に使用する弓矢や的をつくる。的は半紙の中央に三重の丸を描き、上方に「御十二山之神」と横書し、左右の上隅に二羽のカラス（三本足でメスとオスだという）、まわりに農耕や山仕事の道具を描き、両側に棒をつけて立てるようにする。

当日朝、集落共同の山神の祠に供物を供え、的を祠の正面、屋根上にかかげる。柏手を打って拝礼後、弓に矢をつがえて第一の矢は的をめがけ、第二の矢は天空に向かって射るが、射る際に次の唱詞を二回くりかえす。

テンジョウックリ、ヤマックリ、テンジュクノカラスノ　メナクダマヘ　スットントンノトーン

山仕事の男たちは、つぎつぎにこれをくりかえす。文化四年（一八〇七）に魚沼郡塩沢の元庄屋井口丘左衛門が書上した『風俗帳』には、右の唱詞が、「天井ぐり　山ぐり　烏の眼《まな》コヘスト

ントン」とあり、「如此申て的へ弓を引申候」と記している。現在村人は、田畑の害鳥・烏の除災を山神に願う行事といっており、的に描いた三重丸は烏の眼を象ったものだとしている。三足烏といい、烏の眼を象った三重丸といい、これは明らかに太陽を表象する霊鳥としての烏を射落とす神事に淵源があると思われる。

わが国の正月のオビシャをはじめとする全国各地の弓神事は、すべて狩猟儀礼に発するとするのが民族学、民俗学やとくに照葉樹林文化論である。たとえば天竜川流域のシカウチ神事などくりかえし狩猟の儀礼として各書で報告されているが、これは拙著『神樹』で詳しく述べたように、諏訪の記録により春の農耕はじめの害獣駆除の神事であることは明確である。一方で、太陽を射る話は、熊本、岡山、奈良、埼玉などで報告例があり、弓神事やその的をよくよく検討してみると、的は太陽そのものである例が多い。ビシャ（奉射）とは射を奉じる、つまり天神に神聖な弓矢を献じることであり、弓矢そのものが単なる狩猟の道具であったり、単なる武具にとどまるものではないことがみえてくる。射日神話については拙著『稲と鳥と太陽の道』を参照されたいし、弓神事については萩原法子『熊野の太陽信仰と三本足の烏』(29)に詳しい。

さて、射日神話の意味を知るために、わたしが経験したある出来事について記してみたい。貴州省黔東南の凱里市に近い青曼郷曼洞寨でのことである。戸数三〇〇戸ほどのこの寨（村）は旧暦一〇月子の日を「食べる佳節」と呼んで、この村だけの苗年《ミャオニエン》（ミャオ族固有の新年）を過ごす。

この佳節には、村の長老が神話を語るものだという。語りは三日三晩もつづくというので、そのうちの射日神話のごく一部だけでも語ってもらえないかと聞いてみた。そいつは難しいかもしれないといいつつも、龍朝雲という名のおじいさんを連れてきて、皆車座になり、おじいさんの語りがはじまった。おじいさんは、一定の抑揚とリズムで独特な調子の語りが厳粛なまでの雰囲気で、単々と続ける。それは息をのむような緊迫感で、わたしも思わず襟を正さざるを得なかった。

このようにして、新年という時間の切りかえの折りに、射日神話を語ることには、大きな意味があるのではないか。

韓国にみる射日神話

韓国の玄容駿[30]や秦聖麒の報告によると、巫歌神話がもっとも豊富に、儀礼と密着している様子がみられる地域は済州島であるが、旧暦正月一五日に行われる村祭（堂《タン》クッ）に、中国の春牛舞に似た豊作祈願の木牛戯があり、このとき巫者《シンバン》が天地開闢神話の巫歌をうたう。初監祭《チョガムヂェ》と呼ぶ祭りで、祭りのはじめに正装した巫者が、天地開闢から日月星辰の発生、山水・国土の形成、国家の発生など、自然・人文事象のことはじめを次々に歌ってゆく。

太初、天地は混合していたが、一塊になって暗黒で満ちていた天地が甑餅《こしきもち》の層が割れるごとくに割目ができて、天地が離れ、天地は開闢した。そして、天から青い露が降り、地からは黒い露が湧き出て、たがいに合水されて万物ができはじめた。まず星ができ、まだ太陽がいないころ、鶏が首を上げ、羽をたたきながら鳴くと、東の空がしらんで太陽が出た。そのときの太陽と月は二つずつで、そのため、昼は暑くて人間が焼け死に、夜は寒くて凍え死ぬ状態であった。

といって歌い出し、やがて小星王《ソビョルワン》兄弟の兄が複数の日月を弓矢で射って、一つだけ残し、太初の天地、日月、国土の秩序を形成するという話である。玄は「この開闢神話を初頭に歌うのは、巫儀をする時間を原古の秩序のはじまった神聖な時間に回帰させる意味があるのであろう」といっている。まったくその通りのことと思う。

日本でも、祭りといわず年中行事や人生儀礼においても、儀礼というものの本質的な部分では、たえず原古の時間に回帰しようとする意志が働いていることに気付く。

秩序の英雄・善き射手

さて再びネリー・ナウマンの『山の神』であるが、ナウマンは十二様とか十二山の神といった十二という数の表象は、多数の太陽の表象とともに十ないし十二によって循環を表している宇宙や暦上の単位とみた。そして、射日神話に北アジアを示唆する要素を多く含むといいながら、他方、十二山の神をめぐる習俗には、「善き射手羿」の型にある「秩序の英雄」の観念が色濃く浸透しているので、中国のやや南部からの発想との結びつきを推定したい気になる、ともいっている。
「善き射手羿」と「秩序の英雄」については前出の拙著にゆずるが、先の苗年のミャオ族の説話にみられる通り、多数の太陽は宇宙の混沌をあらわし、一日《じつ》（一つの太陽）を残して余分な太陽を射落とし、天地創造を成し遂げ秩序ある宇宙に仕上げる弓の名手の説話は中国南部に起源し北部に伝わったものである。

大林太良も羿の神話にふれているが、この羿の偉業はギリシャのヘラクレスのそれと比すべきもので、スキタイによってメソポタミアから、つまり西から東へ運ばれた神話と推測している。[31]
射日神話は世界樹に昇降する太陽説話と関連もするが、この世界樹・宇宙樹そのものの観念も西方よりスキタイによって運ばれたとしている。しかし、スキタイが活躍する以前、中国中・南部に宇宙樹の思想があったことがわかっている。四川省三星堆遺跡の一号神樹などその典型である。

射日神話の意味は、人類が周期的秩序を回復させ、再生させなければならないとするところにあると考えるのはネリー・ナウマンに限らない。なかでもカール・ヘンツェは『霊の住処《すみか》としての家』[32]でこのことを強調した。射日により万物の永続回帰を獲得させることを目的とするこの神話は暦に関連する。暦の特有な、意味深い重要性は、暦は逃げゆく時間の象徴ではなく、周期的な回復の観念に結びついているとした。注目に価する特出した論理である。

冬至は決定的役割を果たさない

わが国の民俗学的解釈では、正月を冬至祭と関係づけ、冬至は北半球では昼がもっとも短く、日の光もめっきり弱まる。人々は太陽の遠ざかることを恐れ、ある種の危機感すら抱いた。陽光を再び元へ戻し、春をもたらし幸運を約束する神が（たとえばクリスマスにサンタクロースが訪れるように）、冬至の夜に来臨することを願う心意は、北半球に住む民族に普遍的なのであるとする。柳田国男は冬至を一年の循環の区切り、つまり正月と考え漢土から暦法が渡来する以前のこの上なく神聖な季節であったとした。

しかし、夏至・冬至に折り目の大祭を行ったのは緯度の高いヨーロッパであって、中国に冬至祭が生じたのは北方の漢族であって、江南の民族に冬至祭はない。もっとも冬至歳首（正月）は周代に、冬至・夏至の日影測定儀礼として王の支配権を確保する儀式としてあったが、魏の時代には周暦はすでにくずれ立春歳首となり、冬至歳首は亜歳とよばれ痕跡は残された(33)。日本民俗学では、年中行事や祭りにおいて、春分・秋分よりも冬至や霜月祭を重視した。

確かに霜月（一一月）二十三夜の冬至前後に重要な祭りが集中している。宮廷の霜月祭、鎮魂祭のほか園神《そのかみ》と韓神《からかみ》の祭り、新嘗祭《にいなめ》があった。それらの祭りで行われる神楽は、ものみな衰える冬至の季節に太陽及び魂の復活ないしは活性化をはかるものとされた。

しかし、新嘗の祭も民間では、イネやアワの刈り初めと刈り上げに伴い、九月前後に行うのが一般的であった。伊勢神宮の場合も、九月に神田《みとしろ》の稲穂を抜いて新嘗を行っていたし、宮廷の場合も九月に斎田の稲穂を穂刈して都に運んでいた。新井恒易(34)によると、このように本来の秋祭が冬祭となったのは、律令体制の整備にともなって七世紀末の天武天皇に始まった霜月の大嘗祭や鎮魂祭が牽引する形で秋祭が冬祭に変化しはじめたのではないかという。また、冬至の行事は、八世紀の奈良朝に入って宮廷で節会《せちえ》(節日の宴会)の形式の冬至会《とうじえ》として恒例化したようであり、内容は雅楽を奏する遊宴で、神事の行われた様子はない。宮廷の内侍所の御神楽(冬神楽)のもとになった賀茂社の霜月祭にしてからが、「つれづれなので冬も祭させたまえ」との賀茂の明神の託宣(『大鏡』宇多天皇の条)があって、八八九年一一月下酉の日に臨時祭を行い、これが恒例化してからのことであるという。さらに新井氏は、日本の新嘗・大嘗は、『礼記』に記載されている中国の嘗祭に学んだことは確かであるとしている。

つまり、冬至・霜月重視はもともと日本の基層文化にはなく、冬至祭天をはじめた魏の年代以後の漢土の支配層文化としてのたびたび渡来した暦法の影響によるものである。その漢土の文化ですら元来は春分・秋分を重んじていた。

暦の司る鳥たち

鶏が時を告げれば、日が昇る。太陽の呼び出しや「時間」に鳥は重要な役割を果たす。『春秋左氏伝』には鳥の名をもつ官職＝鳥官は暦の官であることを記している。『春秋左氏伝』が現行のかたちに整理されたのは前漢末以後であるが、鳥官については殷代の官職を受け継いでいるものとされている。

鳳凰氏は暦正（暦の官）なり。玄鳥（燕）氏は分（春分・秋分）を司るものなり。伯趙（百舌鳥）氏は至（夏至・冬至）を司るものなり。青鳥（鶯）氏は啓（立春・立夏）を司るものなり。丹鳥（雉）氏は閉（立秋・立冬）を司るものなり。

とある。鳥の名をもつ官名は鳥が時間や季節を告げ、予兆するものであることから名づけられたと考えられている。なかでも季節順からいえば立春立夏の青鳥氏をあげるべきなのに、玄鳥氏を筆頭にあげるのは理由がある。

殷では生産暦の折り目として二分（春分・秋分）が重んじられており、玄鳥はその春分に渡ってくる鳥とされていたからである。殷の始祖・舜が、玄鳥の卵から生まれたとする〝玄鳥説話〟をみても、玄鳥（または春分）の重要性がわかる。

殷人はすでに日影柱（圭表）を使って方位や時間を知っていたが、その最も早い記録は『周礼』冬官・考工記下にある日影柱の記述であるという。

太陽は一つではなかった

冬至だけに太陽の衰えを認識するのは、むしろ緯度の高いヨーロッパ風の太陽観であるといえるかもしれない。殷人は、もっと素朴な原始的ともいえる太陽観を持っていた。まず、殷人は、毎日、その日の太陽が地中に没してからは、つぎの太陽があらわれてくるまでの闇を畏《おそ》れて、卜《ぼく》夕《せき》をくりかえした。日ごとに吉凶を卜したのは、太陽が日々ちがった顔をしてあらわれたから、それぞれ別個の太陽と考えたからである。一〇日《とおか》ごとに卜旬を行ったのは、太陽は一〇個あり、一〇個の太陽が無事ひと巡り(一旬)すれば、またつぎの旬を司る神の意志を問うて卜旬を行ったのである。一〇個の太陽はそれぞれ特定の性格をもつものとして甲・乙・丙……と、いわゆる十干の名が、日甲・日乙・日丙……としてそれぞれに付せられた。王や王妃も、没後、太陽にあやかって、甲・乙・丙を付した諡《おくりな》が与えられ、地中深く住む一〇個の太陽にならって、王墓はできるだけ深いところに造られた。

一〇個の太陽は、東方の扶桑の木の枝から順序よく空に昇り、また西方の若木を経て、地下の虞淵《ぐえん》に入って水浴しほとぼりをさます日々をくりかえしていた。干支の干の本字は「幹」であり、『論衡』詰術篇に「干支」と初出する以前は、「幹枝」と表記されていたという。『広雅』釈天では「甲・乙は榦（＝幹）である。榦とは日の神なり」とある。高木（幹）に太陽が寄り坐すと考えるのは、そもそも時間を測り、日を数えるのに、高木の影を測ったことと関係するのであろう。そして、樹木の根方には水脈がある。太陽が出入りし、熱気をさますにはもってこいのところである。樹木は根方に水を貯え、豊穣をもたらす。こうして生命の樹・世界樹の観念も生まれている。

原初的な太陽信仰と、二至・二分を中心とした年中行事の周期的構造は以上のものであり、それは中国・日本に共通するものであったと考えられる。正月とは、たびたびの暦法の渡来によりさまざまな色彩を帯びたものの「天地創世の再制定」という神話的始原の世界をつねに表象しており、正月の原型は秋祭りにあるとすることで複雑な内容を溶解させることができる。稲の枯渇を招く危機と刈り入れによる豊穣、つまり「死と再生」のドラマが凝縮した形で展開されるのが〝正月〟なのである。

稲・粟・麦の刈り上げこそ正月

わが国では、古代、〝稲〟も〝稔〟も〝年〟も、共にトシと読んだように、一年の基点は、稲の収穫をもって定める生産暦が行われていたと考えられている。暦は、自然現象の周期性を基盤としている。一年の日を数えるのは、高木の影を測り、誰でも容易に決定できる。しかし、一年のはじめを定めるのは、その社会の生業、季節のとらえ方、宇宙観など人間生活の総合的視点が鋭くかかわっている。正月をどこに置くかということは、文化的にみて重要なことなのである。石垣島川平《かびら》の節祭《セツマツリ》（奄美の新節《アラセツ》に当たる新年）は、旧暦九月戊戌《つちのえいぬ》の日から五日間で、この祭りを境に節が改まるので「初正月」ともいう。この日、神が来臨する。川平の節祭が新年と新嘗祭を兼ねていることを見逃すべきではない。来訪する神は豊穣神である。マユンガナシと呼び、世に豊穣や幸いをもたらす神という意味である。扮するのは、イヌ歳のイヌの日に生まれた男の人たちで、各戸を訪れ祝福したあと、最後に神から人にもどる。その場所をクラヤシキといい、昔は、村の非常用の米倉のあった屋敷跡である。

　クラヤシキで、マユンガナシが身につけていたクバの葉と蓑と笠をぬぎ捨てるが、このとき口々に「コココッコー、コココッコー」と鶏の鳴くまねをする。この神から人にもどる行為を「カムスディル」という。スディルとは孵化すること、蛇の脱皮を含めて新しい生命の出現を意味する。カムは神のこと。

　宮古島の狩俣では、粟や麦を刈り上げた五〜六月の甲午の日をショウズユー（精進の夜）といい、三日の精進がはてるとシツ（節）の日がくる。この日、娘たちは浜で湖水に浸り、ウプヰ（産井）からシディミジ（孵化した水＝若水）を汲んで浴びた。夜、子どもたちは、「ウプユー（大世）の世ば直れ（更新せよ）」と歌い踊った。

支配者文化の暦とのかかわりでいえば、生産暦は民間暦で、それぞれの地域でのリズムに合わせてあり、時間は地域ごとに完結している。しかし、支配者にとってこれほどの不都合はなく、時間の統一は当然王者の仕事の重要な部分を占める。代がかわるごとに改元したり、新しい暦の編纂にとり組むこととなる。

日本人の伝統的な習俗の中に、「流行正月《はやりしょうがつ》」とか「取越正月《とりこししょうがつ》」がある。江戸時代の都市に住む町人や武士の間で主に行われていたというが、現在でも厄年の人が一月三一日に餅を搗き二月一日に門松をたてて正月を二度迎え、年直しや年重ねをして厄年はもうすんだとする習俗がある。この「時間」の切り替えは、世の終わり――終末観とも関わったが、もともと災厄をはやく消滅させようとする意図に出ていよう。

さて、大事なのは春分・秋分を折り目とする自然暦であり、生産暦である。生産暦といっても、雑穀・畠作をおいて、水田の稲を生産暦の代表としたことにはそれなりの意味があり、年中行事の中心は稲作儀礼とならざるを得ない。それほど稲の生産性がすぐれていたといえるのである。

古代出雲の聖なる山

春分・秋分が農耕生活の重要な折り目であることは、季節風や降雨との関係もあり、この期に太陽が地上の装いのすべてを変えるともいえる。来訪神儀礼やカミの去来もこの期に行われたが、度重なる改暦で混乱をきたしている。出雲の佐太神社をはじめとする神祭はカミ去来の原点をさぐるのによい資料を提供するが、その前に古代出雲の神名火山とはどんな山かを知る必要がある。

松江市山代町中島に発掘調査で復元された出雲国府跡があるという。『出雲国風土記』の巻末に「国庁、意宇郡家」とあって、意宇郡の郡家が国府のあったあたりに接続して所在していた。以下、前田晴人の『古代出雲』(35)を頼りに出雲の古代をさぐってみよう。

国府跡からみて西北間近にそびえるのが茶臼山（標高一七一メートル）で、風土記では、この平野にそびえ立つ独立峰をわざわざ野と記して「神名樋野《かんなびの》」と呼んでいる。古代出雲の神名火山は、出雲国の政治的な中枢地帯の四隅に占地している。この四つの神名火山の神がみはそれぞれの地域の主神であったが、出雲国造が支配権を確立したときに支配下に組み込まれたと前田晴人はみる。民俗学的にも、各地のモリ山・端山がその地域のより大きな聖山に統合された事例にもとづき前田説は説得的である。

まず意宇郡の神名樋野から。

神名樋野《かんなびの》。郡家の西北三里一百二十九歩なり。高さ八十丈、周《めぐ》り六里三十二歩なり。東に松あり、三方は並びに茅《かや》あり。

とあって、この山は「茅」の生い茂る聖山であった。

つぎは秋鹿《あいか》郡の神名火山で、朝日山（標高三四二メートル）を指し、秋鹿郡の東部にあって麓に「謂はゆる佐太大神の社は、即ち彼の山の下なり。」と記されている。佐太神社の西北に朝日山がある。佐太大神の誕生地は嶋根郡の加賀郡・加賀神埼の窟であるとする伝承があり、別に風土記の秋鹿郡の項に「佐太御子社《みこのやしろ》」の記述があるところから、山麓の佐太神社はその御子社である。朝日山はこの秋鹿・嶋根両郡の地域で最も有力な神の鎮まる聖山ということになる。

新谷尚紀の佐太神社での聞き書きによると、佐太神社の前の佐陀川の向こう側が島根郡、こちら側が秋鹿郡であるが、神社では本殿（正中殿）の芯《しん》の御柱が二つの郡の郡境に立っているのだという言い伝えがあるそうである。この芯の御柱境界説については異論があり、心の御柱の意図については五章で詳述する。

つぎが楯縫《たてぬい》郡の神名樋山で、これは島根半島の西寄りにそびえる大船山（標高三二七メートル）であり、最後の出雲郡の神名火山が仏経山（標高三六六メートル）である。こうした四大神名火（樋）山は出雲の四大神《したいしん》＝野城《のぎ》大神・佐太《さた》大神・熊野大神・所造天下大神大穴持命《あめのしたつくらししおおかみおおなむちのみこと》（出雲大神）の創出と密接な関連性を持つと推定するのが前田説であるが、これについては『古代出雲』をご参照いただき先をいそぐ。さし当たっては、神名火山がいずれも小山で、茅の生い茂る野山に過ぎないこと、さらに佐太神社が極めて深い歴史的背景のもとにあったことに留意できればよい。

佐太の「お忌さん」の重要性

さて佐太大神の信仰圏を中心とした島根郡西部・秋鹿郡東部地域、すなわち島根半島中央部は風土記では「挟田《さだ》の国」と呼ばれた。風土記によると「国来《くにこ》、国来、国来」と引き来逢《きあ》へた国引きの国である。「国引き」神事は政治的背景をはがせば、「天地創世」神話に見合う神話であったのではないか。佐太大神は平安時代初期には「佐陀神」、『延喜式』では佐陀神社と記されている。出雲大社と共に出雲地方を二分する大社であった。両社共に旧一〇月に神在祭《じんざいまつり》をおこなう。一〇月の異名が神無月であるが出雲地方では神在月と呼び、この、神々が出雲へ集まっておられる期間が、この地方で「お忌さん」と呼ばれる期間である。お忌に関係のある神社は七、八社もあったが、とくに佐太神社では厳重な物忌みを伴った祭として知られる。

まず、鈴鹿千代乃の「神等去出の神事」(36)を手がかりに、カラサデ神事とも、お忌祭りとも呼ばれるこの祭りの忌について考えてみる。佐太の神在祭は、実は一一月(一〇月)のほかに五月(旧四月)にも行われる。期間は五月(旧四月)二〇日より二五日までで、その次第は一一月(旧一〇月)と同様である。現在、一一月、五月とも祭りの期間は六日間であるが、かつては〝上忌《かみのいみ》〟七日間、〝下忌《しものいみ》〟六日間で間に二日(一八・一九日)の忌休みがあった。

上忌は軽く、下忌はおもかったようであるが、現在の祭りはこの下忌だけが残ったものである。

この〝忌〟は、祭儀の間、社人以下氏子に至るまで、理髪・爪切りなど刃物を体にあてず、針を使わず、障子の切り貼り、建築をせず、婚姻を行わないこと、また歌舞音曲、読経、梵鐘を禁止した。さらに、俗信では、便所が外にあった頃は、肥桶で用をたした。もし外便所に入れば「カラサデさん」あるいは「カラサデジイ」「カラサデババア」に尻をなでられるという。右の鈴鹿の聞き書きは石塚尊俊の指摘もあり注目に価する。佐太神社の神在祭の春・秋二度にわたるお忌祭り（地元では親しみをこめて「お忌さん」という）は、実際は、翌月の五日（四月神在祭は三日）に〝宿借神事〟という秘事が行われ、この〝宿借神事〟までが、お忌祭りに含まれている。お忌祭りの期間中、火継《ひつぎ》式や新嘗祭も行われ、新旧時間更新の時期であることは明白で、さらに宿借神事がこれに念を押す。

かつて渡辺仲夫からご提供を受けた佐太神社の祭礼記録は宿借神事に触れている。永正九年（一五一二）の年号のある「佐陀奥院文書」よりとした明治二五年（一八九二）の書き出しや、大正一一年（一九二二）発行の『佐太神社誌』後編の記載を参照すると、奮殿祝《ふりどのはふり》と別火《べつか》が、拝殿の前と内側とで問答をする。

旧殿祝（拝殿前で）　妙法々々別火　（拝殿内より）　神の前にて声高くするは何人にて候

旧殿祝　　字賀の里人にて候　錦二千反　綾二千反　金二子両　銀二千枚

虎の皮二千枚　竜の駒二千枚を揃へ　宿借りに参って候

別火　　　　　御通り

これにて問答を終り、両人共に殿内に入って坐す。ここまでが神在祭に含まれる神事であり、「此祭式又最古伝ノモノニシテ」「堅く一社ノ秘スル所」とある。

佐太の宿借神事が「大歳の客」同様、年の暮れに〝黄金〟をもたらすものであることは疑えない。宇賀の里からやってきたという「宇賀」とはウカノミタマ（稲魂）のウカであり、『出雲国風土記』の出雲郡宇賀郷（現平田市奥宇賀町あたり）であるかもしれない。いずれにしろ、穀物の豊穣とも深くかかわっている。宿借神事の佐太における重要性がうかがえる。

春秋二期の妖怪の去来

目籠や勧請縄《かんじょうなわ》、コト八日のテントウ花といった民俗は、桃山時代の織部焼に目籠・勧請縄が魔除用に図案化されていたり、鎌倉時代の『一遍聖絵』や『松崎天神縁起』にさかんに登場した「束草《あつか》」のように、古くから一般化していた習俗である。束草は軒にかかげる竿の先に草花を束ねて祖霊の依り代としたもので「高花」とか卯月八日《うずきようか》（旧三月の行事が卯月に移行）の太陽花——「天道花（テントウバナ）」ともいい、山からウツギ、シャクナゲ、ツツジなどの花をとってきて軒先の竿の先や根方、墓地にも供える祭りである。

こうした太陽と時間の更新にかかわる春秋二期に重ねて行われる民俗に、二月と一二月の八日

目籠は太陽や祖霊の依り代（千葉県成田市）

の「コト八日」がある。コトは神事のコト、つまり祭りを表し、この日はコトの神が去来する。コトの神は、ミカワリ婆さんとか一つ目小僧とかいわれる厄神であるとする地方と、農神で、山の神・田の神・地神さまだとする地方とがある。カラサデババはミカワリ婆さんに等しい。ミカワリ婆さんは、柳田国男によれば、神の祭に適するように、人の身が変わるということ、すなわち物忌みにあたるものであったという（『年中行事覚書』）。

一つ目小僧がやってくるのを防ぐためには、家々の軒先に目籠をかかげ、目の多い籠で一つ目の妖怪を退散させるとする事例が多いことは注目される。

二月八日、一二月八日は針に関するいろいろな習わしを伝えている日でもある。京都府の北海岸あたりではフグが竜宮の乙姫の針を盗んで流しものにされる日といい、鳥取県ではこの乙姫の針を盗んだフグが海岸に吹きよせられるといっている。東京ではこんにゃくに針をさしてこの日流すと、裁縫が上達するといったりした。また、針の使用を忌み、針供養といって豆腐に使い古した針を刺したりする。針供養は仏教との習合により後に生まれたものといえる。藤田稔は柳田の『年中行事覚書』を引き、「田の神が降り給う日が二月八日の周辺から実際に農耕の開始する四月八日までであったのに対し、田の神の山に帰り給う日は一〇月（特に一〇月亥の日）から一二月八日までの間と考えられる」と、コト八日の伝承が田の神の去来と重なることを指摘した。[37]

柳田が『年中行事覚書』でいうように、「旧二月と一二月との八日の節供は、東京付近ではコトハジメ、コトヲサメなどと謂って、可なり大切な祝祭日の一つだったことは、三百年来の記録にも現はれて居」て「この日してはならぬという物忌みの範囲は広く、決して女の子の縫ひ仕事だけではなかった」ことは確かであるが、針を忌むことに特別こだわる伝承だけは注目しておかなければならない。

わが国のミカワリ婆さんに対応するものが韓国のヨンドン婆さんであるとわたしは考えている。ヨンドン婆さんは二月一日に来て一五日に帰るといわれ、漁村では出漁せず仕事を休む。もし出漁すると時化《しけ》にあうという。ヨンドン婆さんは慶尚道ほかでは燃灯婆の字をあてている。三品彰英[38]は、ヨンドンに対して、迎灯、燃灯、龍灯、永童などと記録されていることから、竿の上に灯をぶらさげて燃灯祭を行っていたが、最初の意味は「龍童」であり龍神であったろうとしている。

神は生《あ》れ出《いず》るものであり、しばしば幼童の形をとるとする三品の主張はその通りであろう。

ヨンドン婆さんには江南の一つ目島から来訪するという伝承はあっても、コトの神のように祭が年二度あるわけではなく、祭日に針を忌むいい伝えも聞かれないのは残念であるが、任東権の便りによると、ソウル、水原、青陽地方では一月の初辰の日は針仕事をしないという。針仕事をすると龍の目を刺す恐れがあり、もし目を刺すと龍が昇天できなくなるばかりか、龍が怒って雨が降らず旱魃になり凶作になるので、農村では決して針仕事をしないのだという。正月に入って最初の辰の日といえば、韓国の伝承では龍が井戸に卵を生む日である。ヨンドン婆さんはヨンドン神ともいい、その去来は二月で正月ではないが、龍去来の伝承は時代や地域でずれがあるから一ヵ月の差は大きな問題ではない。

文武乗(39)によると、済州島では、ヨンドン神は風の神で、はるばる中国江南の天子国からやってくる風(北西季節風)のことで、この風が吹くと雨の多い季節を迎えるという。陰暦二月を別名ヨンドン月といい、この月になるとヨンドン神が中国江南から済州島へ海山の見物に来るが、この神は蓑笠をつけておいでなさったので、雨が降ったともいわれる。

中国にある神の零落

ここで、中国の龍去来の伝承を呼び覚まそう。中国各地の民俗誌や民俗伝承に、きわめて多くの事例があるのは、龍抬頭の日は、頭を抬《もた》げる龍の目を傷つけてはいけないので、針仕事をしてはいけないということである（『帝京景物略』など）。

針仕事を忌むことは、すでに唐の張籍の詞に「今朝社日　針線《はりいと》を停《とど》む」（「呉楚歌詞」）とあって、宋代や明代にも行われた。社日は男女とも一日じゅう仕事をやめて、飲宴を行う祭日であり、歴代、干支によっていたが、明代以後二月二日に移ってきたという。社の神に龍神形の神「句《こう》龍《りゅう》」を祀り降雨を祈ったが、後に擬人化された神があらわれると、旧来の龍はその神に座を追われ、神の敵役に堕落し、退治される側になったと、中村喬は指摘している。(40) 柳田のいう神の零落である。

柳田によれば、コト八日は本来神の去来する日であったが、神が一つ目小僧とかミカワリ婆さんとなって下落したことで、神を迎えるために忌み慎んでいた人々が悪霊を恐れて家に閉じ籠もるに至ったのだという。

お忌祭りの間は「お忌み荒れ」で、海が荒れるといい、近くの海岸に必ず海蛇（セグロウミヘビ）が打ち上げられる。これを「龍蛇様《りゅうじゃ》」といい、龍神の使いと信じられ、これによって八百万の神々が出雲へ集まったことを知るといい、神社で祀り、参詣者はこれを拝む。

佐太神社の龍蛇様

佐太大神は春分・秋分の太陽神

佐太神社の祭神・佐太大神は洞穴で誕生した。『出雲国風土記』の嶋根郡加賀郷の条によると、加賀の潜戸《くけど》とよぶ海辺の洞穴内に朝の太陽光線が黄金の矢となって洞穴を射たとき、佐太大神は生まれたという。お忌祭りのセグロウミヘビは背は黒いが腹は黄色で、海中では光りかがやいてみえるという。

太陽の洞穴から生まれた佐太大神を祀る神事が、四月と一〇月という半年周期型の神の去来表象の神事であることは、かつて春分・秋分の太陽信仰を基盤としていた神事が時期を移行したものとわたしは考えている。

先に触れた鈴鹿千代乃の「神等去出の神事」の結論は、佐太神社の裏手、西北に位置する神ノ目山（更に西北に進めば佐太大神の生れました加賀ノ潜戸。風土記に伝える神名火山は神社から六キロはなれた今の朝日山）での船出式の考察を中心に、神在祭とは「この祭が本来佐太神社自体の祭ではなく、刈り上げが終り、田の神を神奈火山(神ノ目山)に送る農耕儀礼」とし、たとえば宮城県伊具郡筆甫村では、神が出雲に行かれるといいながら、その出発は一二月八日、帰着は二月八日とする神去来の表象が、その地方の神聖な山であることと重なる。ただし、その時期は大分ずれているが、と付言している。わたしは農耕儀礼の要素は見落とせないが核心とは思えない。しかし春秋二期の半年周期型の神の去来神事が背景にあることは疑いを入れない。

龍蛇神は寄神に過ぎないのか

これに対し、新谷尚紀は、著書『神々の原像』(41)の四分の一をさいて佐太神社の神在祭を論じているが、海蛇を龍蛇神として迎えて祭る神在祭は、海岸漁村に特有の寄物《よりもの》信仰、寄神《よりがみ》信仰と結論づける。ただ疑問として残るのは、迎えた龍蛇様の骸軀《むくろ》は留めながら肝心の霊的部分は神籬にのりうつらせて神ノ目山上からいずこへ送るのか。それは「古代出雲の国作り神話における神霊の海上来臨と山上奉祀の物語を儀礼的に再生しつづけている祭りであると位置づける」。

新谷のいう「山上奉祀の物語」とは「海上より来臨したその神霊は大和の三輪山に奉祀されて大和王権を守護する神霊となった」ことをいう。つまり、神在祭とは、神事儀礼によって神話世界を再現したもので、大和王権が神話的王権秩序を説明するために組み込まれた結果生まれたとするのである。

一方、西郷信綱は「常識によると、大和の宮廷にまつろわぬ強大な努力がかつて番居していたということになるのだが」「大和と出雲とを結ぶものは実は宇宙軸であり、つまり大和から見て出雲が西の果てにあって日の没する方位を代表していたことが、出雲をして神話的に重からしめるゆえんであった」と、杵築（出雲）大社の「日隅宮」という古称を西の辺地なる宮の意に解し、そこに太陽信仰を介在させる。

新谷説では神在祭と出雲神話に共通する基盤に、古代から現代へと続く寄神信仰が存在するといい、さらに「古代出雲世界は、大和王権にとって不気味な蛇神祭祀の習俗を保持するものとイメージされていた」といわれる。

わたしは、佐太大神の誕生譚にみえる龍蛇神が太陽神を表象しているように、大和王権の大王が自らまつったとも考えられている三輪山の祭祀も、蛇神・雷神でありながら日神であるところをとりわけ注目しておきたい。なぜ日神に意を注ぐのか。中国古代の太陽信仰の性格が日神であり、また後述の縄文時代の巨木信仰に「日神」の投影をはっきりとわたしには読み取れるからである。

三輪の大物主とのかかわり

水野正好は「大神神社成立前後史」で、三輪山は、出雲氏の祖神、大物主神の鎮まる山で、三輪山西麓・南麓に「出雲」の地名が残り、古代より「大和国城上郡出雲郷」と呼ばれ、出雲氏の居地であったと記している。[42] 上田正昭は「大三輪と出雲」で、大三輪の神の神格は多様で、信仰の発展に新旧の重なりがあるとし、雷神・蛇神・海原から依りくる神・祟り神など、さまざまな要素があるが、日神の神格を指摘する説は軽視できないとする。[42] 日神説を唱える和田萃は「三輪山祭祀をめぐって」[43]の中で、元来、三輪山の神は自然神である雷神であったが、大和王権の段階になって、頂上に神日《みわのひ》向《むかい》神社（後に延喜式内社）を造り、日の神を大王自らが祀り、それが六世紀になって、大和王権による太陽祭祀の祭場が、伊勢の地に移ったことで三輪祭祀の性格が大きく変わったのではなかろうかと推論している。その変化の一つは大物主神は霊威の強いタタリ神だという伝承にあるとする。

『古事記』（上巻）によると、大国主神（大己《おおな》貴《むち》神）に海を光《てら》して依ってくる神が「吾をば倭の青垣の東の山の上にいつき奉れ」と答え、「此は御《み》諸山《もろやま》（三輪山）の上に坐《ま》す神なり」と述べている。大国主神は、大地の主、土地神的な神名で、三輪山の大物主が『日本書紀』の崇神天皇に酒を捧げたときの歌にある「倭成《やまとな》す　大物主の」という、ヤマトという地は大物主神が造ったという国造りの神である点で、両者は共通する。出雲の「天の下造らしし大神」大穴《おおな》持《むち》命（大穴牟遅神）はまたの名を大国主といい、三輪の大物主とともに蛇神でもある。蛇神が大地の主であることは先にも触れた通りである。古代では大地のことを「な（地）」といい、地震のことを

「なゐふり（地動）」といった。

蛇神は祖霊であり祓いでもある

出雲の蛇神説話について『やまたのをろち』(44)の著のある大森志郎は「大和朝廷にとってヤマタノヲロチの説話は、政治体制の尊厳を示す規範性をもっていた。大和朝廷から見たヤマタノヲロチは、斬りはふられたことよりも、宝剣を蔵していたことに意味があったのである。」と、大和朝廷にとってはヲロチ退治は宝剣出現譚であり、天《あめ》の叢雲《むらくも》の剣が、砂鉄の産地であることに関係づける。今の斐の川、風土記にいう斐伊川の流域に出雲郡の神名火山・仏経山に近い神庭《かんば》荒神《こうじん》谷《だに》・加茂《かも》岩倉《いわくら》の両遺跡跡から弥生時代の青銅器が大量に発見された。荒神といい岩倉といい、地名自体、神聖なる地をあらわしている。

加えて、現在の島根広島両県の民俗として有名なものに荒神祭（大元祭りの名で呼ぶところもある）があり、どちらもワラで大きな蛇体をつくる。頭屋制の祭りで、このワラ蛇を斎場に張り渡し、その下で神懸かり・託宣の神事がある。終わって荒神の森へ持っていって神木に巻きつけるのであるが、そこは開拓先祖の葬地であるという。蛇霊に事寄せて式年祭ごとに祖霊を送り込むと考えられている。(45)

ちなみに、三輪山の北西にかつて「出雲荘」という荘園があり、今の桜井市大西・江《え》包《つつみ》の地で

式年祭のワラ蛇に祖霊が依りつく（広島県東城町）

あるが、大西の御綱神社と江包の素盞鳴《すさのを》神社でお綱祭を行っている。刈り入れ後の田で、雄綱と雌綱を合体させる豊作祈願の祭りである。綱はもともと茅の輪を解いた蛇体であったと考えられる。付近ではワラのジャヅナ（蛇綱）をムラ中、引っ張りまわした上、決まっている大木か草むらに納める。ノガミさんとか野神祭といい、五・六月に天理市を中心に行われる子どもの祭りである。近くに蛇穴《さらぎ》（鴨都波遺跡）、鍵・今里（唐古遺跡）といった弥生遺跡のあるのも注目される。

三輪山の大神神社の一の鳥居にある摂社綱越神社の例祭を「おんぱら祭」といい「祓い」の祭りである。この社は延喜式の神名帳にも出ている古社で、茅の輪行事を綱越ともいうのは、行事のあと輪を解いて綱として流すからである。群馬県の雷電神社では、茅の輪を利根川に流すが、これ

神主が茅の輪を越える

は蛇であるといっている。綱越神社の祭神は「祓戸《はらえどの》大神」で、七月三〇日が宵宮で三一日が例祭である。茅の輪行事は、斎員・参列者共に各自神前に供えられていた小さな茅の輪を持ち、大《おお》麻《ぬさ》（祓串）の先導で、「みなづきのなごしの祓《はらえ》する人は千年《ちとせ》の命延ぶといふなり」と古歌を唱えつつ、鳥居に付けられた大茅の輪を右まわりで三度潜り抜ける。「なごし」は夏越《なごし》で、暑い夏を無事過ごせるようにとの意というのが一般的で、綱の古意からみれば「綱越」であろう。

日神と蛇綱とチガヤ信仰の結合

いうまでもなくわが国最古の神社形式を伝えるのは奈良県桜井の大神《おおみわ》神社である。ここは本殿がなく拝殿だけで、ふつう神社は北を背に南面するはずが、西向きの拝殿を持っている。しかも「三輪山」という大和平野の水田を潤す円錐型の森山を神体山にし、三輪山に昇る太陽を日神と

おんぱら祭で頒布する小さな茅の輪

して拝するのである。そして、鳥居は神社の神域を守る門としての役割を果たすことなく、拝殿の背後、つまり三輪山を守る形で置かれている。それも三つの鳥居という特殊な形式をしている。

大和の太陽信仰を調査した小川光三は、現在の三つ鳥居は三輪山山頂の夏至日の出線上にあるが、もとは三輪下社跡にあって、三輪山山頂を真東にみる春分・秋分の日の出線上にあったという。三輪下社跡には現在、春日社の三つ鳥居があり、中央の鳥居が三輪山山頂をのぞみ春分・秋分の日の出を、左の鳥居は斎槻《いつき》岳山頂を拝し夏至の日の出を、右の鳥居は玉烈神社を拝し冬至の日の出を迎えているという。(46) このような太陽崇拝は自然崇拝に留まることなくカミとしての人格神、日神を生むに至る。

大和の大神神社では、現在、大神《おおみわ》祭りは春四月九日（例祭）、秋・一〇月二四日に行われているが、かつては「卯日神事」と称し、四月・一〇月上卯の日に行われていた。正月上卯日（三回ある時は中卯）には「卯杖《うづえ》神事」として、椿の木の卯枝を辟邪具とし「正東」の卯の方角に向かい卯の時刻（午前六時頃）に朝日を拝した。卯の日は古来特殊な意味を持ってきたが、古代中国やとくに苗族の新嘗祭などに卯が重要視されてきた。わたしは大神神社の神事に、中国古代とのつながりを思わないわけにはいかない。

『大三輪鎮座次第』(47)によると「当社古来宝倉《ほくら》無く、唯《ただ》三箇鳥居有るのみ。奥津《おきつ》磐座《いわくら》大物主命、中《なか》津《つ》磐座《いわくら》大巳貴命《おおむなむち》、辺津磐座少彦名命《すくなひこな》」とあり、三輪山に三磐石《いわくら》が知られる。『奥儀抄』には、「このみわの明神は、社もなくて、祭りの日は、茅の輪をみつつくりて、いはのうへにおきて、それをまつる也」とある。

中西進は三輪山の信仰は計り知れないほど古いという（「三輪山と万葉集」(48)）。ミワとは『和名抄』で「神酒　美和」とある通り、神に捧げる酒のことであり、『日本霊異記』の中の地名、愛知郡片蕝里《かたわり》の「蕝」が「和《わ》」と訓《よ》んだことからみると、ミワとは、「美蕝」かもしれないとする。三輪山を祀る神事として、蕝《せつ》（茅の穂花）を立てて酒をそそいだ神事があり、そこからミワの名が生まれたのであろうという。

酒を「茅蕝《ぼうせつ》」にそそぐことは中国の社の起源となっているほど重要なことであるが、なぜか中西説ではそのことに触れない。本書では六章において触れる。

日本人のケガレ観の中枢

ふつう疫病祓いの祭りは、平安以後の祇園祭がそうであるように、季節は夏季である。祇園祭では茅巻きを厄除けに山鉾の上から配る。「綱越」を「夏越」と誤るのも、現在、祇園祭のしめくくりに「夏越祭」を位置づけているからであろう。しかし、スサノオの来訪は『備後国風土記』によれば、貧しい蘇民将来は神を粟飯《あわいい》で饗応し、座は粟の茎のワラを敷いたとあって、季節は粟の新嘗の晩であったことを予想させる。というのは『常陸国風土記』には、新粟《わせ》の新嘗の夜に神祖《みおや》の尊《みこと》が福慈《ふじ》の神と筑波の神を訪れる説話が載っているからである。

その一万で、ケガレを祓う行為には、「青草」がきわめて重要な意味をもってかかわっている。スサノオが宿を求めてかなえてくれた蘇民将来に、スサノオはお礼として厄除けの方法を授ける。それは茅の輪を腰につけていればどんな疫病が流行しても、これを避けることができるというものであった。ところが宿を断った弟の巨旦《こたん》将来は、その法を教えてもらえず、子孫は滅んでしまう。じつはスサノオこそ、疫病の神であった。スサノオの性格は他界を本地とする死霊＝鬼でありながら、この世に顕現するときは荒御魂《あらみたま》であり御霊であるというモノ的霊性を帯びている。神話世界の複雑さである。そして、疫病を流行させることのできる厄神であるからこそ疫病を止めることができる、という論理がうかがえる。

秋の収穫祭（古い意味の正月）の物忌みに際して神祖が来訪してきたのだから、神祖は祀られるために来臨したのである。ここでは、山である福慈（富士）も筑波も擬人化されている。祖神が諸神たちのもとを巡って福慈の山まで来たところ、日も暮れたので福慈の神に宿を請うたが、今日は新嘗で物忌中であると断った。神祖の尊は、汝《いまし》が親に何ぞ宿を貸さぬのかとののしる。さらに筑波山に登って、また宿を請うが、新嘗の夜にもかかわらず、宿を貸す。祖神の尊は「愛《は》しきかも、我が胤《すえ》」といって歓《よろこ》ぶ。神祖は明らかにおのが子孫のもとを来訪したのである。新粟の新嘗を文字通り解すれば、粟作の新嘗であるが、これを稲作とする見方もある。ここには来訪神の基本型は、祖霊であり、新嘗を正月とする感覚でいえば正月様でもあるという認識がひそんでいる。

年中行事の茅の輪くぐりは、大晦日と六月晦日にあって、境内に設えられた大きな茅の輪をくぐり抜け、人びとの半年のケガレを祓う。日本人のケガレ観の中枢には、時間の更新が厳然としてある。チガヤによるこうした時間の更新、スサノオが授けた茅の輪という厄払いの方法こそ、宝物にまさる最大の贈り物ともいえる。長野県下伊那郡坂部《さかんべ》の祇園祭ではカヤの御幣をカヤダカラといい、牛頭《ごず》天王《てんのう》に供える。

古代の茅の輪は半年ごとにという横着なことはせずに、きちんと腰につけていた。綱越神社が頒布する茅の輪は直径七〜八センチほどであるし、祇園社（八坂神社）の境内摂社疫神社で授与

「わが家は蘇民将来の子孫」であることを示す（鳥羽市）

するのも蘇民将来子孫也の護符がついた小型のものである。今は祇園祭のしめくくりの神事とされており、七月三一日の「夏越」の祭に茅の輪くぐりが行われ、京の人々は輪をくぐる折、輪の端から茅を抜き自宅で小輪を作る。境内にも茅の束が置かれ、皆勝手に引き抜き持ち帰っていく。

日本最古の蘇民将来札は、長岡京の右京六条二坊町から出土した小矩形の木簡（二七×一三ミリ）で表と裏に「蘇民将来之子孫者」と記す。上端部中央に穴があり、紐を通して身につけたと思われる。現在でも伊勢・志摩そのほか各地で正月飾りに「蘇民将来子孫也」の札をつけ厄除けとしている。

第三章

縄文・葬地の巨木が祖霊と日神を結ぶ

巨木が人々の結縁と
共同体への帰属意識を高め、
巨木を介して
人魂と太陽霊は邂逅した。

葬地が祖霊を育む文化圏

子孫の崇拝を受ける血縁関係にある先行世代の死者を祖先というが、東アジアや東南アジアの祖先崇拝は、対象となる死者が天寿を全うした「正常」死者が一般的である。いわゆる夭折死、事故死、産褥死など、祀り手である子孫を残さない「異常」死者は対象にならない。また、死者が出た場合、日本では葬儀に始まって、初七日、四十九日、百カ日、一周忌、二・七・十三・三十三・二十七回忌などが行われ、三十三回忌か五十回忌をもって最終年忌とするところが多い。柳田国男は、年忌を祖霊化の過程の節目ととらえて、霊（ホトケ）が清められ、没個性化して、祖霊（先祖・カミ）となるとした。多くの場合、清められた先祖の霊魂は、生前の居住地からあまり遠くない山に霊が鎮まりカミとなり、子孫を見守るものであるとされた。

柳田のこうした祖霊の体系化は祖霊神学とも呼ばれるが、体系化するしないにかかわらず、先行世代の人々を祖先に持たない民族はいない。しかし、祖霊の世界と考えるあの世から、再び霊がこの世へ子孫となって送り込まれる、いわば周期的な回復の観念をもっている民族はかならずしも多くない。祖霊崇拝や年中行事のごとく周期的に時間をくりかえす民俗をもつ民族と、くりかえしがなく一回的、個性的な歴史的時間しか知らない民族とでは彼此の文化に大きな隔たりが生じる。日本文化の特質は、周期的な回復の観念を伝統としていだきつつ、一回的、個性的な歴史的時間をも有するところにある。

人が死んでもあちこちで埋めて次に移動していた時代から、遅くとも縄文前期には定住し、墓場というものを造った。小林達雄は縄文人が相当規模の定着的な集落を維持しえたのは食料事情の計画性を背景としたからであるという。縄文時代の生業の特色は多種多様な食料を四季を通じて利用したことがわかっている。多種多様な利用とは、少数に偏しない、集中しないということで、シカやイノシシの群れを求めて、あの旧石器時代のような遊動的生活をくりかえす必要がなくなったことをあらわす。ここに、縄文人の文化力が生まれる基盤があった。

死の起源は文化の起源でもある

縄文時代、墓場が発生したということは、死の起源神話が誕生したことを想定させる。死の起源神話は、しばしば生殖の起源と関連して死もまた始まったと伝えられる。旧約聖書では、神が単独で人類を創造している。また、中国では原初の存在であった盤古の死体から世界が創世されていたり、植物から人類が出現した神話も多いが、伏羲《ふっき》と女媧《じょか》は夫婦となり人間の祖となった。『古事記』と『日本書紀』には、死の起源が性の起源を発端として結びつけられている。オノゴロ島で結婚するにあたって、イザナギとイザナミは性交のしかたもはじめは知らなかったが、二神は結ばれ、性行為の起源となった。そしてイザナミは火の神のカグツチを産んだが、陰部に火傷を負って死んだ。イザナギは妻を生き返らせたくて地下の死者の世界の黄泉国まで迎えに行く。そこで妻のみるも無残な死体をみた。イザナミは「自分の姿をみないでください」といった約束を夫が忘れたことに怒りイザナギを追う。地上との境のヨモツヒラサカで、イザナミは「こんな仕打ちをされたので、これから地上の人間を一日千人ずつ殺す」という。イザナギは「それなら自分は一日に千五百ずつ出産のための建物を建てる」といい返した。それで毎日、大勢の人間が死ぬが、それよりももっと大勢の人間が生まれることになった。死と生の起源である。

イザナミの死の苦しみから発生したのは、火、金属、粘土、水、穀物などで、ここでは明らかに死の起源とともに文化の起源が示されていて、一方的に〝死〟を否定的な作用に限定して語ることは、許されていない。

再葬から両墓制へ

小林達雄の緒論に後押しされるような形で春成秀爾は「祖先が生者にとってプラスであれマイナスであれ、生者の生活を左右するという観念を基盤にして、祖先を祭るという行為が発生する。屈葬を死者の霊に対する恐れと考えた。しかし、墓地を集落の中心にすえるという、縄文前期に始まるもっとも一般的な思考のパターンは、死者に対する恐れだけでは説明がつかない。死者の霊を畏れ敬う対象とみているのではないだろうか。そして、死者を即信仰の対象とするのではなく、祖先として昇華させたものを信仰するのではあるまいか。(49)」と書く。要するに死者・祖先を祭る行為は生者・子孫の繁栄につながる行為とみていたに相違ないのである。

また、春成は設楽博巳の「縄文時代の再葬」を引いて「縄文早期から散発的ではあるが再埋葬した例がある。煮ても焼いても埋めても、白く硬い骨はあとに残る。その骨をあらゆる動物の根幹とみなし、そこから生も再生も出発するという観念をいだく。祖先の骨の集合体は祖霊の宿るところであり、その祖霊は集団の守護霊でもある。人骨に特別な感情をいだき、特定集団への帰属意識＝アイデンティティーの象徴とする歴史は、縄文時代までさかのぼるのであろう。血縁関係にあった者同士を合葬するために、いったん土葬して骨化したのちに再埋葬する風習が発達したことを、縄文時代の再葬例を検討した設楽博己は考えている。(50)」と述べている。

日本民俗学がとりわけ関心を寄せていた問題に両墓制がある。死者を葬った場所に墓碑を建て、そこを永久に祭り場の一つとするのを単墓制とよぶが、これに対して死者の遺体を埋葬した場所はそのままにし、比較的短期間祭りをしただけで近寄ることもせず、祭りをするための墓地を別の離れた場所に設ける風習を両墓制と呼ぶことが多い。墓碑は参り墓の方に建てる。

再葬、あるいは複葬といい、二つ或は二つ以上の葬制行事は縄文早期から認められる。埋葬あるいは風葬のあと数年おいて、遺骨を取り出し、水や酒で洗い清める洗骨も第二次葬の一種で、洗骨は沖縄や韓国、中国南部、台湾、ミクロネシア、環太平洋地域に広く分布した習俗である。

大林太良は『葬制の起源』(51)の中で、改葬から両墓制への移行を今日ではもう認めてよいのではないかと思う、という。再生を前提としての墓制、それが両墓制ではないか。

柳田が、改葬の風習をもって一般の両墓制に先立つものと想定し、「のちのちは祭祀の力をもって、亡魂のきたって石に憑ることを信じうるようになったけれど、最初は骨を移し、かつこれを管理しなければ、子孫は祖先と交通することができず、したがって家の名を継承する資格がないものと考えていたのではあるまいか」と述べ、折口信夫が「今日なお日本民俗の上に痕跡の歴然としている両墓制は二つあるいは二つ以上の葬制行事を経なければ、完全な葬事を営んだという満足感の起こらなかった古代の民俗印象をある点まで伝えているといってよい」と論じたのは正しかったと思われると、両者の考え方を大林は支持している。

いわゆる数度にわたる年忌なども、折口の《二つあるいは二つ以上の葬制行事》に比定できるし、最後の年忌＝葬礼を《大事の五十年忌》とよび、枝葉つきのウレツキトウバ(卒塔婆)を立て、位牌は流すか焼くかし、死者は以後は共同体の神となり、子孫はもはや祭事を行わなくてもよくなる。

遺骸を忌み怖れたのか

年忌と両墓制を祭祀による清めと考える学説に対し、この両墓制を、遺体を埋葬した場所を早く捨て去る観念とみて、死の穢れを忌み避け、恐れる観念が強くあったと読みとる学説もかなり根強い。しかし墓制にともなう死穢忌避の観念が果たしてわが国の祖先崇拝（死者崇拝）の中で十分位置づけられたかは疑問である。死者に対する恐れと尊敬はどの民族にも認められるが、両者いずれに軍配をあげるかは民族文化の特質を問う根源的な問題ではなかろうか（「おわりに」の章参照）。

屋敷神の研究で知られた直江広治は、屋敷神が人の遺骸に対する忌み怖れの観念が時を経てうすらいだ結果、遺骸を屋敷内で神として祀るようになったとしている。しかし縄文人的感覚でいえば、遺骸を忌み怖れたとはいえないし、民族学上の事例でも家屋の内に遺体を埋葬する例は多い。

埋め墓のことを捨て墓といいい、サヤ（覆い）が朽ちるとその跡に石を積む（淡路島北淡町）

岩手県紫波町西田遺跡のムラでは、中央広場に墓穴が一九二基ほど円形にならんでいるが、墓地を集落の中心にすえるということは、死者を畏《おそ》れ敬う観念があったとしか考えられない。春成秀爾は、関東地方の縄文中期末から

最終の年忌を弔上げといい、生木のウレツキトウバを立てる（千葉県市原市飯給《いたぶ》）

後期前葉に限って一個の墓穴に数人ないし十数人分の骨を合葬した例が少なくないことに注目した。これらは一度どこかに埋葬してあったのを再埋葬した人骨を含んでいる。

千葉県権現原遺跡では、墓の中央に穴があり、柱を立てていたことがわかった。柱は死者に対する何らかの記念柱にほかならない。柱は後のウレッキトウバや埋葬地の目印に植えた常緑樹などが個人のものであるのに対し、共同体の規模で植えられた人口樹であったろう。

血縁集団から氏神へ

村の鎮守の成立を血縁集団を先行させるか地縁集団を先行させるか。民俗事例からは血縁集団から氏神へという方向が支持されよう。

村落共同体に直結した鎮守の森、そうした鎮守の森成立以前の古態を思わせる森神信仰が西日本の各地にある。そのうちのひとつ、鹿児島県の薩摩半島を中心にしてモイヤマやモイドンと呼ぶ古い聖地が多く分布している。モイヤマやモイドンには古い墓があることが多く、古木にはさまざまな祟る性格があり、また門や家の神としてまつられるものも多くみられるという。若狭大島のニソの杜や群馬県利根郡新治村東峯須川の小池祭の事例ともよく符合するものがある。ニソの杜は、福井県大飯郡大飯町大島に三〇ヵ所におよぶ分布を持ち、それは、田の中、山の際、谷筋のこんもりとしげった小さな森である。だいたいああしたところは昔のサンマイ（埋葬地）の跡だとされ、祠は大島を開発した家々の祖霊をまつるところだともいわれる。ニソの杜は同族祭祀で、祭りの日は悪天候になるという。

上西園門（かみにしぞんかど）ではモイドンとしてアコウの木を祀る（鹿児島県指宿市）

　小池祭は以前、旧一一月初午の日、今は新暦一二月初午の日となっている。ニソの杜につづいて新治村へ行ったわたしは晴天の東京を傘なしで出て、村へ入ったらとたんに大降りの雪に見舞われた。ここでも「ニソ荒れ」同様

小池祭の景観はそのまま鎮守の森である
（群馬県新治村）

「小池アレ」という言葉があり、村の人は新暦にかえてもどうしてわかるのかとふしぎがる。

このあたりの屋敷神祭、同族祭はマケごとに日がちがう。東峯須川の河合家ではもと旧九月のナカノクンチに稲荷の屋敷神祭を行ったが、現在は一二月九日に日を移している。小池祭は本多家のものをいい、本来なら本多祭とでもいっていいところを出身地の小池という地名をとっている。本多家の神木はみごとな松で、家の裏手の山際にあった。妙見さまの石の小祠を中心に祭りの前々日に、本家・分家がひとつずつカヤでお仮屋をつくる。そして当日未明、赤飯を炊きシトギをつくり、これを重箱やツトッコに入れて参詣する。カヤのお仮屋をホクラといい、氏神の妙見と各ホクラに供物をそなえてから、たがいに赤飯を交換し、手づかみでこれを食べる。この小池祭がすむまでは新米はいっさい食べず、赤飯の磨ぎ水すら牛馬に与えない。新ワラも、いろりの鉤竹に輪注連縄をつける以外は使用しない。ここには古い新嘗の感覚が生きている。

同族の祭りには、きまって松とか杉、カヤ、桜などの大樹が中心となっており、ある同族は神木を売り払って祭りをやめ、同族的結合も四散した例があるという。小池祭では、本家を中心に六軒の分家と合わせて七つのホクラを作っていたが、そのうち一軒はブラジルへ移民、一軒は創価学会員となり廃絶、今は五つのホクラが並んでいる。

小池祭の景観は、そのまま鎮守の森である。鎮守の森には、本社、末社が居並び整然とした境内をもつが、古社は山際の小高いところである場合が多く、また神田を持つ。これはニソの杜や小池祭の延長といえる。血縁的な祖神である氏神には当然死霊がつきまとうはずである。村落開創の神であるウジガミと葬制が交差する形は、神社の古態である。

若狭大島で聞いた、サンマイ地では土葬のあとシキビなどのさし木をするという風習が気にかかる。死霊が神と変わる三三年忌のトムライアゲの折のウレツキ塔婆なども樹木の信仰と無関係ではあるまい。

出雲、伯耆、備中、美作、隠岐あたりで荒神とよばれる信仰が篤いが、その原初の形は一族の総本家の屋敷神であろうといわれる。広島県比婆郡東城町の荒神々楽は、苗《みょう》（名）がまつる荒神の式年祭（七年、一三年、一七年、三三年などの式年）に、その苗で行なうもので、ひとつの苗は一〇〜二〇軒ほどの小集団である。神楽は四日四晩（今は二日一晩）かかり、注目すべきは荒神送りの最後に祭器を神木の根方の荒神祠の前に埋め、蛇ワラの頭を祠の屋板の上に納めることである。そして、荒神祠の祭地の多くが同族祖先の墓地であることも重要な意味をふくんでいよう。

祖先祭祀を重くみる民族

中国南部に眼を転ずると、ミャオ族は血縁的同族の集団による祖先祭を一三年に一度、牛を殺して行う。これは、地縁的にも共同体としての帰属意識が高い。祖先祭は鼓社節とよばれ大規模な祭りである。ふつう父長権が強く連続を尊ぶ系譜意識は漢民族のものとされる。現在黔東南《けんとうなん》（貴州東南部）のミャオ族は父子連名制をとり、いちおう同姓不婚の原則を貫いてはいるが、貴州の民俗学者、燕宝に直接うかがったところによっても、もともとミャオ族には文字もなく姓も漢民族からもらったもので、同姓でも結婚はできたという。いまでもそれは厳密なものとはいえない[52]。また、南海島のミャオ族が現在でも双系制であるように、古くは西南中国の少数民族の大部分は双系制であったと日本の民族学者の多くは考えている。かつて日本の原始社会も、父系社会でも母系社会でもなく、双系制社会であったことが考古学上、墓制からも証明されている。

漢民族が入念な祖先霊の祭祀形態をとるのとはべつに、江南の少数民族の墓地がたんなる土の塚であり日ならずして大地に帰ることが多いのは、むしろ生まれかわる機会をのぞむからである。

漢民族の場合、個々の祖先にたいする祭祀は年限を設けずに永続するのをたてまえとしている。

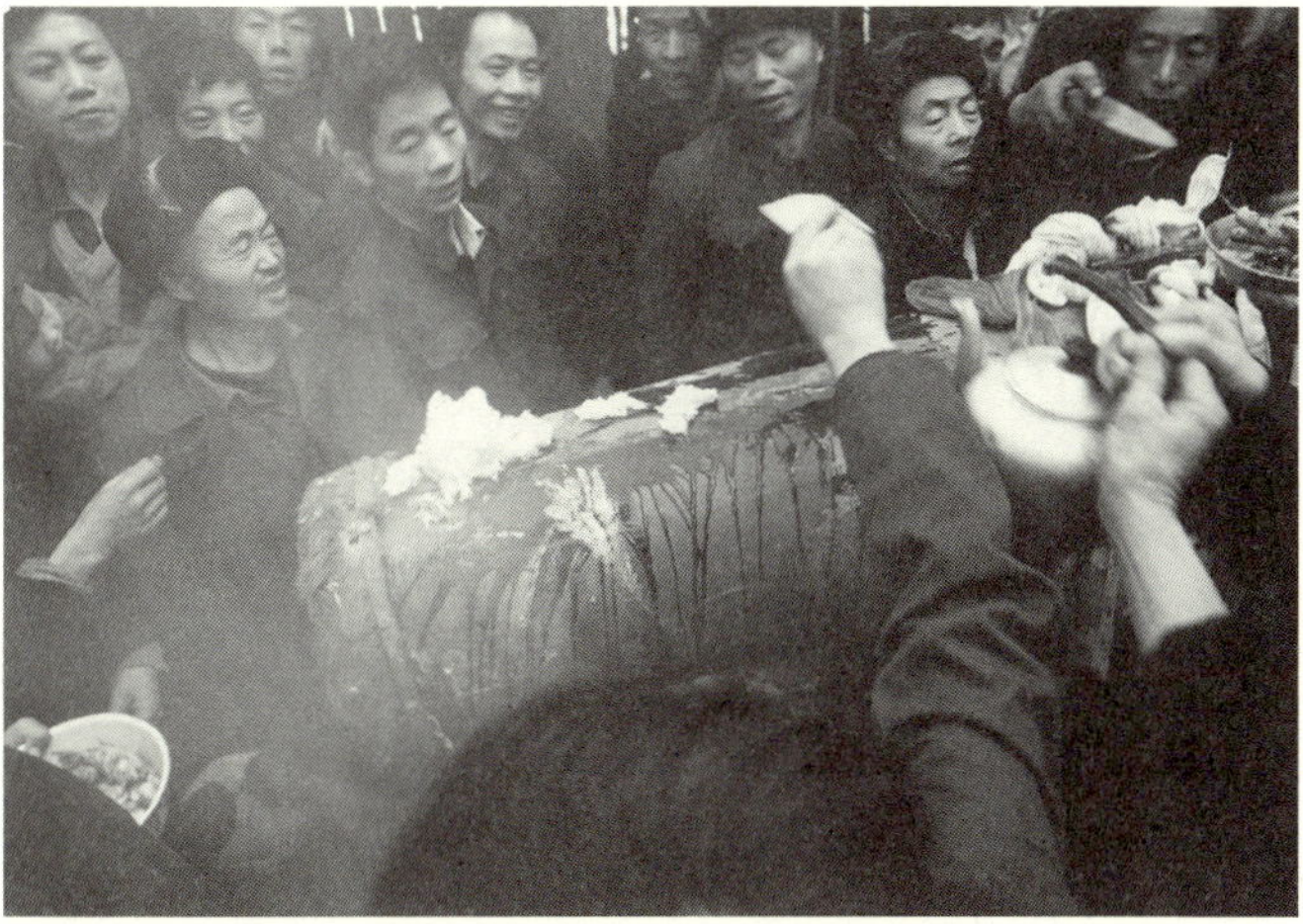

木製の太鼓に祖霊を納め酒やご飯でもてなす（貴州省黔東南）

また、祖先祭祀はあくまで個々の子孫の行うもので、位牌の保持も長子にかぎらず祖先祭祀の義務は男系子孫のすべてにわたる。それにたいして、ミャオ族そのほかの少数民族の多くは、個々の家においては祖先にたいする祭祀をせいぜい二～三代で打ち切ってしまい、トン族は死後三年で〝弔上げ〟とする。

漢民族の祖先祭祀はきわめて個人主義的である。日本の祖先祭祀はイエを基本とし、本家と分家により祀られるが、ミャオ族もこれに似て、祭祀の単位は宗族の本・分家による血縁集団である。また、日本の年忌法要にあたるものが、ミャオ族の七年とか一三年に一度の鼓社節であるとも考えられる。

こうした祖先祭祀の漢民族と江南の少数民族および日本民族の集団性のちがいは、多分に村落共同体のありかたに起因している。というより、漢民族はもともと共同体意識が希薄で、地縁的集団への帰属意識にとぼしい。漢民族の社会では早くから土地が商品化していて、土地は個人についてまわった。個人の土地については驚くほど入念な境界があったが、村境となると境界の存否が問題なのである。村費の徴収も村民の所有地にたいして課税され、それも土地の売買でたえず変動があった。土地廟や関帝廟の祭りの様子をみても、参加するかどうかは各自の自由だし、参加してもそれぞれ自分の家の幸福を祈願するだけで、村全体の幸福・安全を祈ることはないという(53)。

血縁・地縁を守護する神

日本の神は社会性に富んだ神であると指摘する和歌森太郎の見解は鋭い(54)。

日本人にとっての神には、個人の信仰にかかわるものよりも、家なり同族団なり、氏・地域集団にとっての神がまさってきている。キリスト教における神、仏教における仏は、もともとは個人個人の不安からの救い、迷いからの解放を求めて選びとられるものであった。

ところが日本人における神は、原則としては、集団生活する一同の不安を解消し、一同の豊かな繁栄を祈祝する対象となってきた。

つまり、血縁なり地縁なりの集団を守護するのが日本の神の本来の役割であるといっているのである。これは初期の仏教ですら、国分寺のごとく国家鎮護の役割を担わされたことでもわかる。

柱や鼓楼を中核に村を拓く

たとえばいい伝えによると、ミャオ族は移動の旅の後、黔東南よりここ融水に至り、どこに集落を開こうかと占った。まず水たまりに稲籾を数粒落とし、籾が沈下した場所を居住地と定めたという。水田を拓けるかどうかの占いである。かくして居住地を定めると、広場に一本の芦笙柱を立て、この柱を中心にして家屋をつぎつぎに建てていった。この場所はミャオ語でヘソを意味する〝タウトウ〟とよばれ、文字通り村の中心である。〝ヘソ〟あっての苗寨なのである。思えば、この柱は混沌とした宇宙を秩序づける最初の柱である。〝ヘソ〟なくして生命の誕生はあり得ず、〝ヘソ〟が決まらなければ天地創世もはじまらない。この柱をめぐって年頭に行われる数々の儀礼が、原初に立ち返った意味をもつのも当然である。

ヘソを意味するこの場所をミャオ語でカー・ニンともいう。カーは芦笙のこと、ニンは場所のこと、漢語で「芦笙堂」とか「芦笙坡」、あるいは「芦笙坪」とあてる。「坡」は土の盛り上がったところの意で、坂、土手、土壇などに相当し、「堂」と並んで神壇、神祠といった感じの祭祀の場所を指す。「堂」の呼称は村内の広場に用い、「坡」は村外の丘や田の中で他の村と共同で行われる場合に使われる。カー・ニンに立つ芦笙柱のことを、トン・カーという。トンは柱のことである。

鳥装の村人と司祭者がハシラの下に供物を捧げる（雨卜村）

融水の雨卜村で芦笙柱の鳥の向きを聞くと、苗寨のすべての村で真東を向いているという。そうでない方向を指す例もあったので問い直すと「村を開いたときは真東を向いているが、古くなると風雨にさらされ動くことがある。鳥が東を向くのは太陽を呼びだすためで、太陽は稲の豊穣になくてはならない。だから、鳥は東に向けなければ意味がない」といわれた。

雨卜村では、芦笙柱を中心に行事があるのは苗年だけでなく、春分と秋分にも牛を殺し祖先を祀り、春社、秋社の祭りが三日間にわたって行われる。これをミャオ語でノン・ヒョウといい、ノンは食べる、ヒョウは土地の守護神の意だという。土地の守護神は漢語で社または社王といい、どの村でもまつられる。雨卜村では田の真ん中に祭りのたびに仮設の草屋根の小祠を建ててまつる。小祠の傍には祭竈《さいそう》が築かれている。春分・秋分には真東に昇る太陽を柱の鳥が迎えている。

芦笙柱の頂にとまる鳥が太陽を迎える鳥であることは、宇宙樹上の鳥が太陽を象徴することと

トン族は血縁集団ごとに太鼓を鼓楼に吊るす

等しく、柱に巻かれた昇り竜・降り竜は竜の去来を象徴する。[55]

いわゆる苗寨といわれるミャオ族の一つの村が地縁的な小さなまとまりを示す場合は中心となる芦笙柱は一本に過ぎないが、一般的には血縁同族同姓の集団がいくつか集まって地縁的なまとまりをみせている。その場合、同姓ごとに一本の柱を中心に区分けされる。つまり、一集落に数本の柱が点在することになる。

ミャオ族が祖霊祭を鼓社節といい木鼓を中核にするように、トン族も太鼓を吊った楼閣を同族集団の支柱にすえている。貴州の黔東南・苗族侗族自治州のトン族居住地域で最初にトン族の村のたたずまいをみた感激は忘れられない。民家の甍がびっしりと肩寄せあっているただ中に、すっくと鼓楼が威容をみせて立っているあの独特の景観。あれはあのまま

公共の集会所の前に贄柱が立ち、柱に鳥や太陽を掲げて祭りを行う（ベトナムのバナ族）

でひとつの宇宙だ、世界観そのものだと思ったものである。

鼓楼は、太鼓をたたいて合図を送るばかりでなく、さまざまな機能がある。トン族は稀にみる歌好き、音楽好き。鼓楼の前の広場は鼓楼坪といい、折々の祭りに歌堂とよぶ歌垣をする。男女が輪になり、踊るのである。村の長老の寄り合いも、この鼓楼で行われ、夏は人びとは鼓楼で涼をとり、冬は火塘を中心に車座になってよもやま話をする。子どもたちが昔話を聞くのもこんなときで、日本のサルカニ合戦や花咲爺とそっくりな話が伝わっている。鼓楼は一集落すべて同姓の場合はひとつであるが、いくつかの姓の集団が寄りあっている村の場合には、各々の姓の集団ごとにそれぞれひとつの鼓楼が建てられている。

ベトナム高地民族の贄柱

さらに東南アジアに視界を広げてみよう。

ベトナムの中部高地の少数民族・セダン族やバナ族（バナル族ともいう）では、集落の中枢に公共の集会所と水牛などの動物供犠の柱を立てる。セダン族のある集落は吊り橋を渡ってわずかばかり細道を行くと急に広場に出くわし、そこが祭場となっていて、集落はこれを囲んでいた。バナ族のある集落でも、道から入るといきなり広場で、集落はこれを囲むようにコの字型であった。いずれにしろ、ムラの広場、辻、道にムラを守護する神や精霊が祀られているのはどの国も同じで、伝統的社会においては道や広場が宇宙や世界のマンダラの中枢にあり世界観を形成しているのである。ただし、この世の世界はあの世に接続するのが東アジアや東南アジアの一般である。その際二つの世界の境界に川があり、橋がかけられている例も多く、舟による往き来も顕著である。

柱は空間領域の端に立とうが真ん中に立とうが、意味するものは柱が立つことで、〝秩序〟が創出され、天地の始まりという神話的時間が演出され、天地の始まりという神話的時間が演出され、祭祀として〝文化の起源〟に立ち会うものである。このような柱を〝宇宙樹〟〝世界樹〟あるいは〝生命の樹〟ともいう。宇宙樹は、しばしば巨木として表現され、枝は天空にはり出し、根は大地の水を命の誕生としてしっかりと吸引する。

ベトナムの高地民族の正月や集会所改築のときには鳥や太陽を掲げる贄柱が立つが、この柱と同じ意匠をもつ世界観を表出した柱が墓地にも立つことは意義深い。人の死を通して、民族のア

喪屋中央の柱に日月星辰を、四隅には鳥をあしらう（ザライ族）

イデンティティーが柱で象徴されるのである。ザライ族の例では遺体を埋葬した場所に、死後二〜三年たつと家屋をモデルとした喪屋が新しく築かれる。カヤぶきの屋根の中央と四隅に、鳥や日月星辰を施した柱が立つ。この行事は墓地放棄祭であり、以後は弔い上げとなる。〝祀り捨て〟である。死者は木棺に入れて土葬されるが、竹筒が棺に向けてさされ、酒が注がれる。大地の死霊がこれを飲むのである。ザライ族ほど立派ではないが、バナ族にも同様の墓地放棄祭はある。

広場の贄柱のほうは、太陽・星・鳥が頂に形作られ、地上近くの柱にはトカゲの絵が描かれて、天地に通じる神話的表現が施されている。贄柱には水牛がつながれ供犠とされるが、柱はブランという生木が使われ、根づいて花を咲かせるめでたい例もある。わが国のウレツキトウバやテントウバナに通う民俗である。

バナ族ほかは共同体の運営を長老会議で行い、祭り広場の集会所には未婚男子が寝泊まりして力仕事や防衛を担っている。広場で行われる宗教儀礼では戦闘場面や竹馬、踊りが展開され通過儀礼を兼ねている。(56) おそらく、わが縄文中期の広場の利用法も類似したものであった可能性がある。

墓柱が古いトーテムポール

縄文時代の巨木柱列・環状配石墓などの遺跡の意味するものは何か。これを読み解くためにさらに世界の巨木柱列の事例をいくつか折り込みながら比較の輪を広げよう。

トーテムポールとは北アメリカ北西部沿岸インディアンの彫刻柱に対してヨーロッパ人が与えた名称だが、『文化人類学辞典』(弘文堂)には益子待也がこの頁を的確にまとめている。ハイダ族、トリンギット族、ツィムシアン族など部族によって多少様式は異なるが、ほとんどの場合その彫刻内容は神話や伝承に関わっている。トーテムポールには家の内部にある家柱や家の入り口を構成する入口柱など家に関連しているものや、死者のために建てられる墓柱、さらに家や墓とは離れたところに立っている独立柱などがある。

トリンギット族やハイダ族では、死んだ首長を記念するためにその後継者が墓柱としてのトーテムポールを建て、〝ポトラッチ〟として知られる祭宴を催したという。記述者の益子は「家柱や入口柱およびより古い形態の墓柱は、十八世紀の航海者たちによる古い記録のなかにも見られる」と書き、墓柱がより古い形態であろうと推察している。

日本にもあったトーテミズム

わが国の縄文後・晩期の石川県真脇や盛岡市萪内《しだない》、群馬県月夜野町の矢瀬などの巨木木柱には彫刻がみられるところから、トーテムポールといわれているが、柱に彫刻を施すところはインディアンに限らずベトナムや東南アジアの少数民族にも例がある。トーテミズムとは、ある人間集団がある特定の種の動植物などと特殊な関係をもっている信仰である。日、月、雲、雨、火などの自然物・自然現象もトーテムとなる。

新潟県青海町の縄文晩期の寺地遺跡は、北西の季節風から守るような海岸砂丘（標高一二～一五メートル）の内側低地にある。配石遺構には巨大木柱が四本、中心部にシンメトリーに建っていた。北西側の直径約二メートルの炉状配石内に人焼骨ピットがあって、二個体分の人焼骨とともに、サメ一体分の焼骨、サメの椎骨を加工した耳飾り、ツキノワグマ・ニホンジカ・イノシシなどの焼骨、ヒスイ原石の焼けたものなどがみつかっている。

明らかに人と魚、動物との強いつながりが認められる遺構であるが、藤田富士夫はサメの捕獲ルートとヒスイの運ばれる交易ルートが重なることから、ヒスイ文化とサメ文化の密接な関係を示しているといっている。(57)

サメのように海の彼方から季節的に回遊してくる動物を豊漁の印としたことから神や祖霊として崇めることが確かにある。アナジと呼ぶ北西の風に乗って南方産のセグロウミヘビが海岸に打ち上げられる。島根県鹿島町の佐太神社ではそれを竜蛇様と呼んで祀る。

後藤明は、ソロモン諸島のマライタ島のランガラン族は、サメ・ワニ・ウミヘビ、シャコ貝など、いくつかの動物をトーテムにしていて、ウツボを祖先と考える氏族もいるといっている。[58]『肥前国風土記』ではワニザメが海の小魚をたくさん連れて石神（世田姫と呼ばれる）のところに毎年やってくる。サメが魚を招集する祖霊であったとも考えられるが、伊勢の伊雑宮では、例祭のとき七匹のサメがひれを立てて宮に参るという伝承があるという。

イルカの骨の大量出土や巨大木柱遺構で知られる石川県能都町真脇遺跡では、縄文尺とされる三五センチを意識して製作されたと考えられるトーテムポール状の彫刻柱が発掘されている。藤田富士夫は先掲書で、彫刻柱の横溝の配置は三五センチで割り切れる箇所がいくつかあり、ひときわ目立つ目玉状彫刻は一七・五センチの長径をもっていて、彫刻にさいしての割り付けが三五センチの二分数で行われたことが推察できると記す。

古代中国の祖霊信仰も古くはトーテム的な要素が濃厚であった。

葬地の巨木をどう読むか

三内丸山の六本の巨大な柱跡をどう考えるか。物見櫓説、祭殿説、トーテムポール説、太陽観測説などさまざまな説が飛び交った。いずれにしろ屋根のある建物だと考える説が圧倒したものの、何らかの祭祀を目的とした遺構であろうとする点ではほぼ一致をみた。人びとが集まる儀礼空間とする説である。

まず梅棹忠夫は古代アンデスのチャビン文化遺跡（紀元前五〇〇年）を例に、古代都市の中心には神殿があるということから神殿説を唱えた。(59) ギリシャの前五世紀のパルテノン神殿や出雲大社も同列に扱っている。しかし、パルテノン神殿は戦いの女神アテナの巨人像を覆う建造物であり、それは人間中心主義の神観念に基づく神殿で、東アジア的神観念とは比較の対象にならない。

祖霊崇拝と共に太陽信仰も大事な視点である。陽光―冬至、夏至の日の出、日没と関係するストーンヘンジは、世界でもっとも有名なストーンサークルで、英国とアイルランドの記念物である。

日本列島と遠く離れた欧州の先史時代記念物にも、縄文時代の記念物と同様に冬至や夏至の日の出や日没や山並みなど周囲の景観を取り込んだ設計がみられることは興味深い。縄文時代の巨木柱列と直接間接かかわる地域は環日本海の東アジア文化の領域であろう。中国で新石器時代の晩期を迎える良渚文化（約五三〇〇〜四二〇〇年以前）に巨大な木柱が発見されている。良渚文化の遺跡は二〇ヶ所以上あるが、巨大な材木（断面約四〇センチ四方、長さ約七メートル）と大量の土器片が出土したのは馬金口遺跡であるが、大型建築・廟が想定されるかもしれないといわれている。

良渚文化のうち上海市福泉山遺跡、江蘇省武進県寺墩《じとん》遺跡、呉県草鞋《そうあい》山遺跡などはいずれも玉器を副葬した墓が発見され、かつ遺跡自体が人工的に築かれた貴族墳墓である。福泉山遺跡は、三層に分かれた階段状の壇であり、頂に火を焚いた跡がある。杜金鵬は、「火気は日の精なり」とする『准南子《えなんじ》』（天文訓）や『論衡』などの史料を引いて、祭壇上の火祭は太陽神を祀るものであり、こうした事例は、鳥を太陽の象徴とする陽鳥祭壇図を想定する有力な傍証になるとしている[60]。陽鳥祭壇図とは氏が名命した祭壇図で良渚文化の玉璧に彫られる図像である。階段状の頂に柱を建ててその上に鳥を留まらせている。

玉璧に彫られた太陽鳥の祭壇図

三内丸山遺跡は、青森市の郊外、川を背にした標高二〇メートルの河岸段丘上に立地する。縄文時代前期中葉から中期末葉（今から約五五〇〇〜四〇〇〇年前）の集落跡で、集落の存続期間が約一五〇〇年間と長い。六本柱の巨大木柱は中期のもので、柱の間隔は三五センチを単位としている。三五センチという単位は、一般の竪穴住居には使用されず、大型竪穴住居とか巨大列柱とかの共同施設と考えられる建造物にしか使用されないという。巨大木柱遺構の柱の中心から中心までの間隔は等しく四・二メートルで、三五センチの一二倍である。

藤田富士夫は、縄文遺跡の、三五センチを基本単位とし、それを四倍数（一・四メートル）、六倍数（二・一メートル）、一二倍数（四・二メートル）した単位の存在を重視、もし三五センチが人体尺であれば肘《ちゅう》（中指の先端からひじまでの長さ）を基準としているのかもしれないが、東北アジア一帯の古い物差しである可能性を示唆した(61)。

その上、藤田は、三内丸山遺跡で出土したヒスイの玉や原石は、丸木舟による縄文中期〜後期によるヒスイロードによって運ばれたもので、北陸から日本海を経ており、それは外洋性のサメ漁の遺跡ルートと重なっていることを証明した。こうした縄文人による日本海での活発な交流活動からみて、日本海をはさんだ大陸の文化の影響を無視できないとし、ことに縄文早期末葉（約六〇〇〇年前）にはじまり中期初頭（約五〇〇〇年前）にわたり大流行した玦状耳飾りは、大陸文化の直接的な影響を受けた人びとが残したと考えざるを得ないとしている。おそらく玦状耳飾り文化は中国最古の玦を出した、遼寧省の査《さ》海《かい》遺跡（今から約七六〇〇年前）が属する興隆窪文化で発生し、江南地域をへて、日本列島へと伝播したものと考えた。なかでも浙江省の河《か》姆《ぼ》渡《と》遺跡からは、日本列島の玦状耳飾りとよく似たものが出土している。

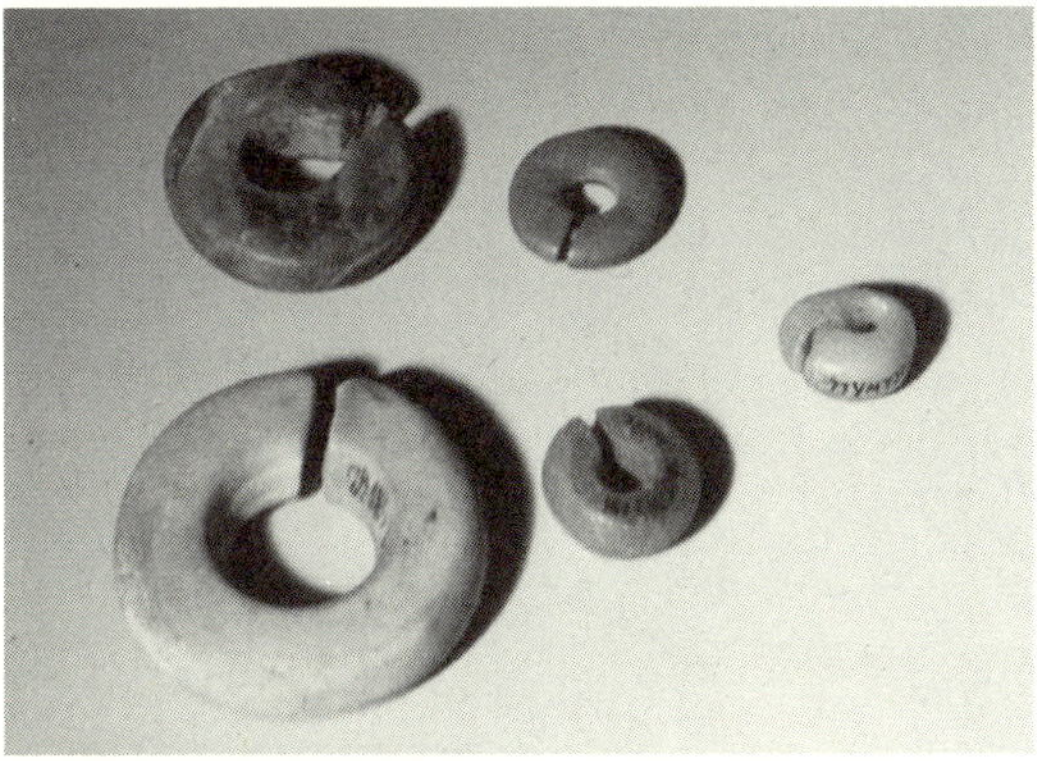
河姆渡遺跡出土の玦状耳飾り

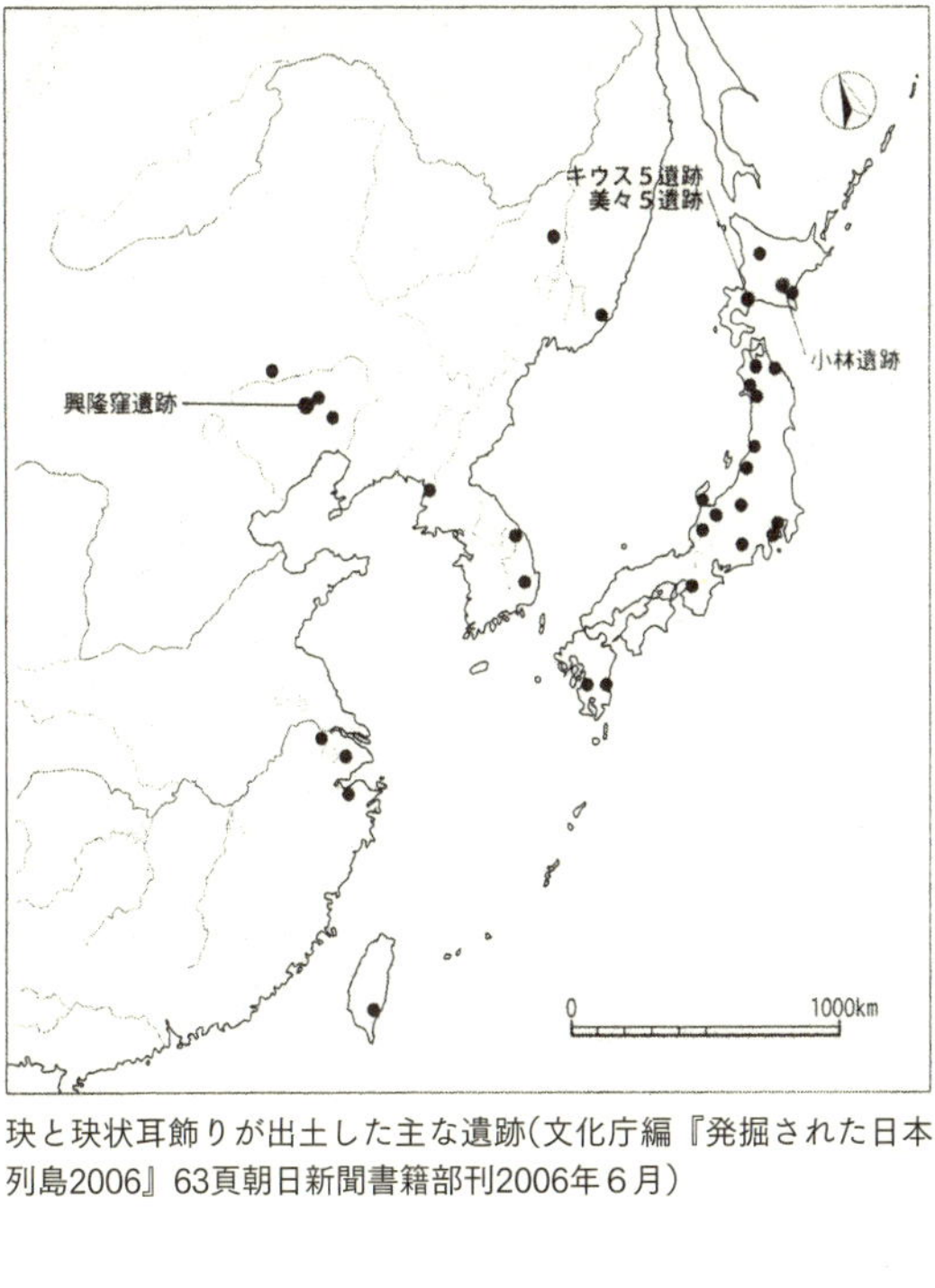

玦と玦状耳飾りが出土した主な遺跡（文化庁編『発掘された日本列島2006』63頁朝日新聞書籍部刊2006年６月）

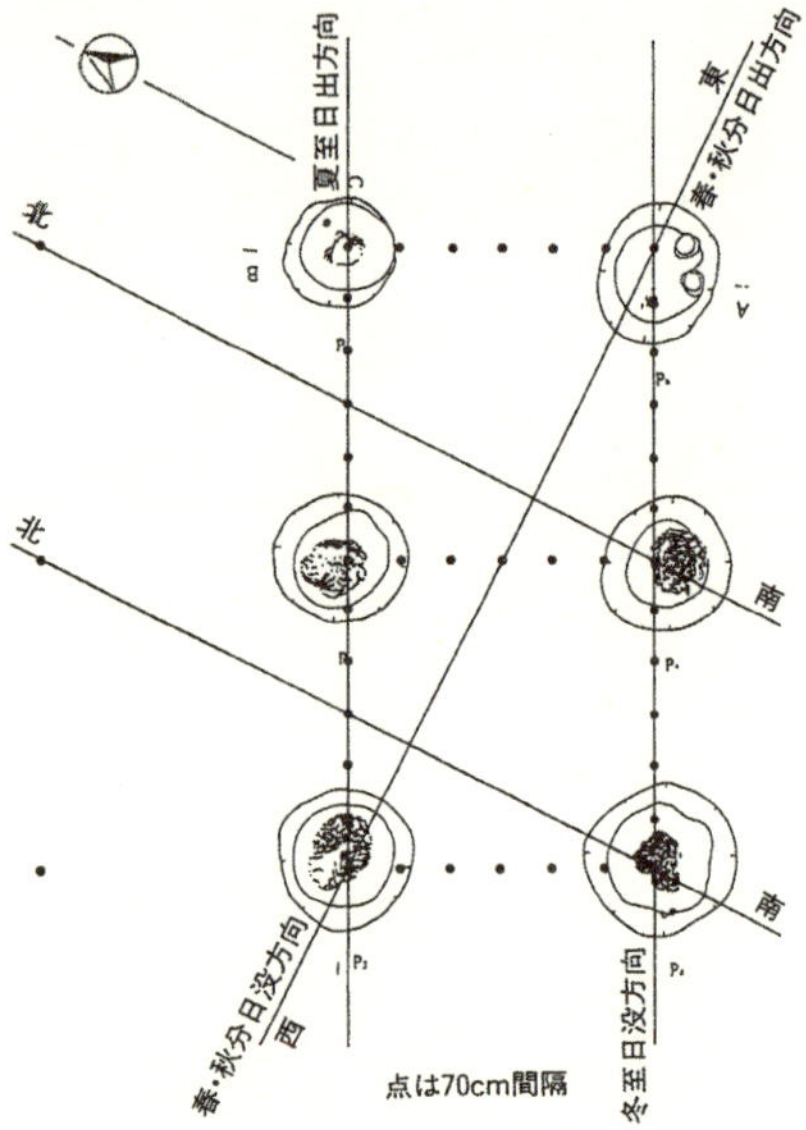

六本柱巨木柱列と方位（岡田康博他1996『三内丸山遺跡VI』の50図に点と線を追加）

巨木に日神と祖霊が習合する

縄文人が熱心に太陽の運行に関心を寄せていたことは次第に明らかになってきている。彼らが縄文カレンダーを必要としていたのは、食料など日常の資源をすべて自然環境に依存していた自然人として当然であった。墓地あるいは墓制にかかわるものとして、特殊な環状列石がある。

秋田県大湯遺跡や青森市小《こ》牧野《まきの》遺跡は、石を並べた環状列石であり、栃木県小《お》山《やま》市寺野遺跡は配石とはちがう土盛り墳墓であるが、夏至や冬至の日の出と関係する日時計の役割を果たしている。

つぎに、青森県三内丸山遺跡の六本柱巨木列について太田《おおた》原潤《はらじゅん》の詳細な検証がある。[62]

結論として、巨木列は山を始めとした周囲の景観と二至二分の日の出、日の入を意識したものであり、柱穴の配置は方位や日の影の出方を意識したものであることなどを示した。季節を知り時間を知る必要は単に漁撈活動に限らず狩猟・採集などあらゆる生産活動に及ぶにちがいないが、

玉琮　福泉山出土（前2500年頃　良渚文化）「良渚文化珍品展」上海博物館カタログより

加えて、わたしが重視するのは、六本柱が集落の墓域と関係するとみられることである。

先に殷人は、王や王妃も没後、太陽にあやかって、甲・乙・丙……と一〇個の太陽を意味する諡が与えられたと記したが、わが国では「新撰姓氏録で、氏々の祖先をムスビノ神とするものが半数なのに対して、火（日）神から出たというものが半数である」(63)ということから推しても、いかに太陽霊と祖霊とが密接に関係づけられていたかがわかる。

林巳奈夫は中国の社の起源となった「主」について、前漢末から後漢初の図像は高木の下に祠を造り祖先祭祀を行っていたが、社の「主」が「宗」の名でも呼ばれるように「主」と「琮」は同じであった、とする。

祖先の祭祀に使用される琮は方形の玉で中央

に孔を通し、祖先の霊が天からでも地中からでも出てきてそこに宿るようにつくられていると解した。社も天地の気を通ずるものとされ、「主」と同様に太陽をそこに宿らせるものと信ぜられていたことは疑いないと、くりかえし述べている。琮は中央の孔に物を挿すようにつくられている。ここに茅や羽根束を挿す。玉琮は日の神（火の神）を祀る道具のスタンドだけが残ったもので、琮には中に挿された茅や羽根に太陽の火や光が降ることによって初めて神としての働きが生まれたのである。(64) 一例をあげれば、大汶口文化《だいぶんこう》（前二五〇〇年頃）の玉琮の上端にやや横長の日の出の太陽と日の輝きをあらわす弧を画く暈が毛彫りされているのをみてもわかる。(65)

道祖神柱は天地創世の表象

日神と祖神が習合するとされる中国の社の起源に比定される、わが国の民俗に道祖神信仰がある。わたしは道祖神と道祖神柱（オンバシラという）に日本のカミの素型の一つをみるが、わたしとはまったく別の観点から、道祖神像を「カミの原像」の一つとみる新谷尚紀の説がある。

新谷は、「神の原像」を常にケガレの浄化装置として描く。道祖神には奇妙な伝承がまつわりついていて、夫婦和合の神様と思われやすい男女双体像の道祖神は、じつは近親婚の禁忌を犯した兄と妹である。近親婚こそ、まさにケガレの表象にほかならないとする。村境の道祖神は村境へと祓えやられたもので、ケガレの集積物が神様になっている。このように、ケガレのハラへという営為のなかでカミが誕生するというのが新谷説である。確かに、サエノカミ（道祖神）の起源伝承に、近親婚のタブーを犯した兄と妹の説話がかなり広い範囲に伝えられている。倉石忠彦[66]によると、双体道祖神の分布地と兄妹婚説話は一〇〇例を超える重なりをみせているという。この兄妹婚説話自体については、『記紀』の伊邪那岐、伊邪那美の婚姻がそれであることは早くから指摘されている。

　こうした兄妹婚説話には洪水始祖説話の形をとる例が世界的な規模で広がっており、朝鮮半島にも近親相姦の説話があり、太白山脈の山麓の峠に立つ、村の守護神・チャンスンの由来もその一つである。伊邪那岐・伊邪那美の婚姻にも前段として洪水説話があり、洪水で生き残った兄妹が近親相姦を犯し、始祖となったと考えられている。

正月に立てる道祖神の柱をオンバシラと呼び、頂には日月（表裏）が輝く（長野県三郷村）

　長野県には兄妹婚型洪水説話と結びつく可能性のある洪水説話が、千曲川・犀川流域を中心とした諏訪盆地、天竜川上流域などに集中的にみられるという。

倉石忠彦は道祖神に対する従来の道の神・境の神としての側面とちがった始祖神的性格について指摘し、道祖神はムラでいちばん古い神様で、ムラの先祖神であるとか、夫婦神で先祖である、あるいはムラをつくった神であるといった伝承を重視し、「つまり道祖神は始祖であり、文化の起源にかかわる始源の神である」と結論している。

男根・女陰をあからさまに表現した性神は、縄文時代には祖先神であった可能性もあり、東アジアの視野でみても、子孫繁栄の子授けの始祖神であることが多い。一方、男性器にしろ、女性器にしろ、境にあってこれみよがしに外敵を威嚇する例があることも古今東西を問わない。長野県下では、諏訪のオンバシラに限らず、民俗行事としての柱立ての風習は多い。類型は山梨県下にも広がっている。

道祖神にしろ、柱立てにしろ、境の神として古くから祭祀の対象となっていたことは、まぎれもない事実である。しかし、家の大黒柱がそうであるように、宇宙の支柱としての柱は、どこに立っていようと宇宙の中心の意味があることも否めない。年（時間）の始めを示す門松や正月行事の柱立ての数々はそのことを容易に証明する。混沌たる世界に、神が宿る柱を立てることではじめて秩序が生まれる。天地創世神話の常道であるばかりか、人類の歴史そのものが混沌から秩序のくりかえしにほかならない。

長野県下では、三九郎仲間とか道祖神仲間とか呼ぶ子ども組があって、正月のどんど焼き、サイト、三九郎、どうろくじんなどの行事に活躍する。野沢温泉の道祖神火祭などはその中でも大がかりなものである。

中信地方の道祖神祭の特色として、オンベとかオンバシラと呼ばれる柱を立て、頂にご幣や日月を飾り、正月が済むと倒すところが多い。隣接する山梨県の道祖神祭では、長野県のオンバシラに相当するものを「神木立て」「ヤマ立て」という。

わたしがみた長野県南安曇郡三郷村一日市場では、東村・境町・下町・本町の四ヵ所でオンバシラと呼ぶ道祖神柱を立てる。各所同様に、かつては男根張型をオンバシラにとりつけていたが、現在東村だけがひそかにこの行事を続けている。

東村は以前は一月七日に立てて旧暦の「二月十日正月」にはずしたが、今は一月二日から小正月の一五日までである。柱を立てる日には、出産・婚礼・新築などの祝い事のあった家からお神酒が奉納される。それらの家には巨根とオンベ（御幣）を持ち回り、祝儀をいただいた。長さ一三間（約二四メートル）のオンバシラには頂に日月が表裏をなして輝き、途中には五色のオンベが取り付けられている。根方には双体道祖神像や道祖神と刻んだ碑などがある。諏訪の七年に一度のオンバシラには頂にオンベこそあっても日月はない。しかし、オンベは日月を表象しているとみることもできる。

ここで大事なのは、時間の始原を意味する正月に天地創世の柱を建てることである。時間切れを意味する、人が一生を閉じる墓地にも、ベトナム高地民族がそうであったように日月の柱をかかげた宇宙観が示される。思うに、明日香村キトラ古墳の天井天文図をはじめ、古墳にしばしば描かれる日月星辰も含め、それらは古代人の死生観・世界観のあらわれといえるだろう。

弥生葬地にも中心の柱

かつて『稲と鳥と太陽の道』で中期の吉野ケ里の祭祀空間について詳しく触れた。この環濠遺跡は南北に分かれ、南は居住空間、北は墓域と祭祀の宗教空間である。北のはずれの首長と思われる墳丘墓の南裾に直径五〇センチの柱痕が独立してある。その柱の前に三〇センチ弱の六本柱の祠堂があり、周囲に赤く塗られた祭祀土器群がみられた。さらに南につづく、司祭者とおぼしきシャーマンを含む甕棺墓群を貫いて墓道があり、やがて「高殿」風の大型建物跡に至る。これら北の宗教空間の核心はむろん墳丘墓南裾の一本柱でなければならないが、ここに注目する研究者はいない。南北を貫く軸線は三一度ほどで夏至の日の出と冬至の日の入りを結ぶと指摘されている。一本柱の頂に鳥型木器を置く太陽信仰があったと、わたしは推測する。

吉野ヶ里の外濠をめぐらす首長墓築造とほぼ同じ頃、松江市田和山では、環濠の内側に葬地も住居すら持たない、わが国はじめての独立した宗教遺跡が出現する（一八一頁参照）。

第四章
飛翔する鳥、やがて「鳥居」に留まる

太陽が大地から天空に、
ふたたび地に潜っていた始源の時代、
天翔る鳥・地を走る獣も共にカミとして、
太陽霊の循環に手を貸していた。
神鳥も神獣も、のちに格下げされ、
神域・寺域の守護についた。

宇宙樹はシャーマンの木

オンバシラの頂には日月をとどめていた。その日月の運行は飛翔する鳥の助けを必要とした。引き続き、テーマを照射する角度が錯綜し往きつ戻りつ反芻することがあるが、お許し願いたい。テーマ自体が多面体であるからである。

さて、シベリアに連なる中国の北方民族に、ホジエン族と呼ばれる民族がいる。中国とロシアの国境を流れるアムール河（黒龍江）と松花江、ウスリー（烏蘇里）江の三江が合流する地方に住む民族であり、かつてシャーマンの家の庭には三本の神杆が立っていた。

それぞれの神杆の頂に木製の鳩をとまらせ、中央の最長の神杆には亀、ガマ、蛇、トカゲなどの両棲類と愛米（子どもの姿でシャーマンの守護神という）が描かれている。鳩も守護神で、シャーマンが魂を天空に旅立たせるときの案内役という。神杆の下には一対の男女の木偶があり、朱林《チュリン》と呼ばれ、それぞれ男のシャーマン、女のシャーマンの祖先神である。

ここに、ホジエン族（アムール地方では、ゴルディとかナナイと呼ばれる）のシャーマン起源神話がある。

むかし、太陽が三つも出て、多くの人が焼け死んだ中で、ある夫婦が生き残り、やがて民族の始祖となる。老人は夢の中で、巨木をみる。根は巨大な蛇で、葉は丸い金属性の鏡、花は鈴、その梢には金属性の角があった。夢から覚めると、老人はその巨木を探しに行き、弓矢で角や鏡や鈴を射落として、これらの道具によってシャーマンになった。

つまり、シャーマンとは宇宙の中心にある巨木を通して、人間世界（この世）と神霊の世界（異界、あの世）を仲介するものであると読み解くことができる。巨木は超自然界と人間が交信するためのアンテナであり、これが宇宙の中軸となる。これを宇宙樹とも世界樹ともいう。朝鮮シャーマニズムの神竿や日本の祭りの神座の類である柱やご幣、強いては山車に至るまで、すべて宇宙樹の変化であるといえる。

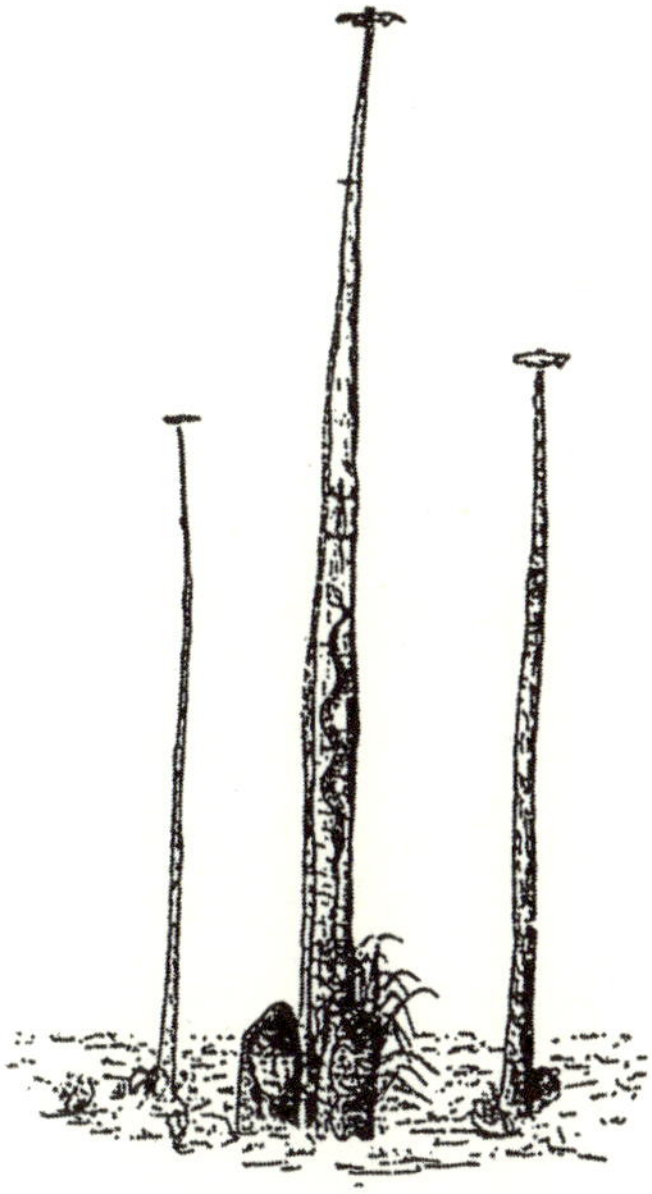
ホジェン族の神杆　凌純聲『中国辺疆民族と環太平洋文化』より

宇宙樹・世界樹の類はメソポタミアや西欧の神話の中にもあり、分布は世界的と思われるが、世界樹の下で超自然界との交信を司るシャーマンは東アジア・東南アジアに分布が限られる。かつて、シベリアの宇宙樹はスキタイと呼ばれる騎馬民族の活躍によって、メソポタミア文明からもたらされたとされてきた。

しかし、二章でもふれた通りスキタイの活動は紀元前七世紀以後のことであり、中国には前一一世紀の四川文明の中に青銅製の四メートルに及ぶ宇宙樹がすでに出現していたことであり、まして、東アジアではシャーマンが宇宙樹を司祭していたことが明白である限り、すべての要素をスキタイによる東方伝播とする説は完全に否定し去るべきものである。

朝鮮半島の鳥竿を問う

今も村境を主に、鳥の神竿を立てる朝鮮半島の鳥竿について少しばかり記述してみよう。いわゆる弥生遺跡からしきりと出土する木竿の鳥の源流である。

紀元前二世紀、衛氏朝鮮の建国がなった。『史記』によると、前一九五年、燕が漢（前漢）に滅ぼされたとき、燕から逃れた衛満が現在の中国遼寧省南部から朝鮮半島西北部にかけて国家をつくったという。

韓国の江原道（伝）からは、ちょうどそのころ、前二世紀のものとされる竿頭鈴が出土している。一般に竿頭飾とよばれる青銅器は、シャーマンの杖の先にも使用された世界樹の観念を表現したものと考えられている。竿の上に動物の形をつけ、下は竿を差し込むための筒がある。動物には水鳥が多く、鹿や山羊もあり、頭部を透かして鈴状として、音を発する仕組みをもつ例もある。それが、竿頭鈴である。

竿頭飾の分布は中国北辺からシベリア、中央アジア、カザフスタン、黒海沿岸のスキタイと、大草原の騎馬民族に広がっている。時代は殷代から春秋〜戦国にわたる。[67]

従来、この竿頭飾にしても、世界樹の観念にしても、騎馬民族・スキタイが西方から運んだとされてきたが、近年ではその成立をむしろ多元的にとらえる方向に傾いている。

ところで、江原道出土の竿頭鈴は、ソッテ、つまり鳥竿を考えるうえで見落とせない重要資料である。ソッテは三韓時代・馬韓の「蘇塗」であろうというのが韓国の研究者のほぼ一致した見解である。ソッテは鳥竿だけをよぶ場合と、チャンスンを含む聖域全体をよぶ呼称である場合があり、ソッテの音訳を「蘇塗」とする。「ソッ」というのは、「聳」（そびえる）、「湧」（わきたつ）を指す古語で、「テ」は巫女の「シンテ（神竿）」に通じる依り代の本体であろう。

綱の巻かれたソッテ

『魏志』東夷伝のなかの「韓伝」馬韓条には、五月に種を播き終わると鬼神を祭り、蘇塗という大木を立て、鈴や鼓をそれに懸けるという記述がある。鬼神は祖霊に等しいと思われるので、朝鮮半島西側の稲作の穀倉地帯で、祖先に豊穣を祈願する農耕祭が行われたのであろう。現在でも田園の続く扶安郡の金提平野では、石製のソッテが建つ。一六八九年に、木のソッテを恒常化し石にしたという記録がある。巻かれた綱は竜であり、綱は綱引で一年の豊凶を占う。ソッチュ（石提）里では、石柱の上の石鳥は、村の見張り役といい、災厄がやってくるとされる西北の方位を向いてとまっている。災厄の兆しがあれば、すぐにでも神に告げて、鳥が村の災厄を未然に防いでくれるという。鳥の多くは季節に去来する鴨である。ソッテを石杆堂《たん》山《さん》ともジムテともよぶ。ジムテは舟のマストの意で、村を舟にたとえ、舟の航行の安全を、マストに祈る。

ソッテは圧倒的に西海岸が多いが、東海岸にも現在一〇ヵ所くらいはあるという。

よく知られた大関嶺山神祭の前夜、江陵市のカンムン（江門）洞では、シャーマンによる城隍堂の祭りがあり、村人がソッテに供物を捧げる。この村ではソッテをチントベキ（チンは長い、ベキは棒）といい、竿の先に三羽の鳥がとまっている。鳥の向きはソッチェ里と同じく西北で、三羽は風・水・火の三難を祓うという。災難除けと、豊穰祈願、子孫繁栄を主な目的としている。

金提平野では、石杆にいずれも綱が巻かれていた。東海岸では、カンムン洞近くのウォルホピョン洞で、現在は柱に黒々とらせん模様が描かれ、村人は竜だといった。ホジェン族の神杆で、頂に鳥をとまらせるとともに、杆の中央部から下に両棲類である蛇、トカゲなどを描いていることと、ソッテの鳥および竜は通じ合う。中国江南のミャオ族の柱でも、頂に鳥、柱に竜を巻く。

鳥は天界への使者であり、両棲類は大地を象徴している。柱は天界と、地上、地下界を貫き、宇宙樹としての役割を果たすものなのである。柱は村の中央に立とうが境界領域に立とうが、シャーマンの竹・竿・棒・杖と共に、神霊の通路、あるいはアンテナとしての意味を持っている。

釜山近くの巨済島では正月一四日に立てる長竿のことを、オジボンまたはユジェチといい、鳥止峰、留鳥止などをあて字にしている。鳥や鳥のとまり場で、豊作を祈るものという。

『三国遺事』高麗条によると、高句麗の始祖朱蒙《チュモン》は、若くして弓を善くし、弓の名手（ジュウモング）という意味で、朱蒙と名付けられたとされる。また『旧三国志』逸文によると、朱蒙は大樹の下で母の使者である鳩から麦種を授けられた。朱蒙がその下に立った大樹は、鳥のとまった神話的樹木で、馬韓の蘇塗に相当する。鳥にはこの世の最初の栽培穀物を天からもたらしたという伝承が各地にあるが、その一方、弓の名手・朱蒙は〝弓将軍〟である。中国射日神話の英雄羿や、アムール・サハリン地域に広く伝承されている射日神話の中のシャーマンの始祖に通じる。

太陽樹の下、太陽を司祭する

創世で生まれた太陽と月が昇降する樹が、太陽樹であり、宇宙樹である。『山海経』では太陽樹の樹の根方で日月の昇降を司っていたのがシャーマンであると記述している。「大荒の中に山あり。名を豊沮《ほうそ》玉門という。日月の入るところに霊山あり。巫咸《ふかん》、巫即《ふそく》、巫肦《ふへん》、巫彭《ふほう》、巫姑《ふこ》、巫真、巫礼、巫抵、巫謝、巫羅の十巫、これより升降す。百薬ここに在り」と記載する。殷の一〇日、すなわち一〇個の太陽を司祭するのが十巫であり、殷王朝の聖職者でもあった。

朝鮮半島にはシャーマンに関する最古の資料とされる青銅器時代の宗教祭器がある。忠清南道大田炭坊洞出土の防牌形銅製品である。紀元前四～三世妃のものといい、二つの輪がついていて首からペンダント風に下げて使用した。表面には鋤を踏む司祭者が、裏面にはY字形の立木に鳥をとまらせた鳥竿が描かれている。司祭者は頭上に鳥の羽根をつけ男根をまる出しにしている。ここに描かれた鳥竿も、〝シャーマンの木〟であり、殷の十巫が司祭した太陽の樹の系譜に属するものといってよいであろう。

太陽霊と祖霊とが密接に関係することに触れた折、林巳奈夫は「琮」が中国の社の起源になったと述べたと記したが、その琮は淵源を浙江省東南部の河姆渡遺跡の〝太陽を抱く双鳥〟と通称される図像に置かれる。河姆渡遺跡は、紀元前六〇〇〇年紀から五〇〇〇年紀の早い時期の新石器時代稲作文化に属するものである。いくつか類似の図像が発掘されているが、ここは林が描き起こした骨製の匙の柄といわれる遺物に刻線で彫られた文様にそって林の見解を記しておく。詳しくは林の著書を参照されたい(68)。左右二つの円盤に小異があり、右の火炎形がみられるものは太陽で、左は月であろうという。共に双鳥によって運ばれており、鳥は頭上にS字を横倒しにした造形の冠羽を持つ。冠羽はイヌワシの頭のボサボサした長い羽根をかたどったものという。とは

太陽と月を運ぶ双鳥のイヌワシ

いえ、日の光輝を表す太陽と、太陽を運ぶ火の鳥・イヌワシをかたどる図像の方がより多くみられる。もっとも射日神話に描かれる神話表現においても太陽に限らず月もあり、日月一対の表現をとる例もある。しかし、太陽＝日神を宇宙の象徴とするのが一般的である。

河姆渡の骨製匙《さじ》の柄の図柄と、時代的にはこれよりくだる良渚文化の玉琮の図像を太陽神の図像とする林の比較図像学的検証は見事な実証性に裏づけられているが、紹介するゆとりはない。良渚文化は河姆渡より少し北、杭州の郊外にある前三〇〇〇年前後の稲作の新石器文化で、硬い石で作った琮が、良渚文化の墓群の中から発見されたのは一九八六年のことである。結論を手短にいえば、玉琮は太陽を運ぶ霊鳥の信仰を背景とした太陽神と火神を祀る祭祀用の器である。

チガヤの束を挿す粽

琮は後に『周礼《しゅらい》』に「青い璧をもって天を礼し、黄色い琮をもって地を礼し……」とあるように前一〇〇〇年紀の後半頃には琮は地をかたどるとされたが、もともとは太陽を象徴する羽毛、ないしはそれに代わる

柱の頂に鳥、根方に石壇（雨卜村）

べきチガヤを琮の円孔に挿し、太陽そのものとして崇め、天と地の気に通じるものとしていたのである。

林はこの琮の円孔にはチガヤの束（束茅《そくぼう》）が挿され、ここに注がれた神酒が大地に滲みて、大地の祖霊が飲んだと、『周礼』司巫、天官などの条を引いて説明する。チガヤは神祭に欠かせない霊草であり、しかも初夏に出る茅の穂花――つばなが最も神聖視されたという。チガヤはイネ（禾本）科の植物で、ススキと共に草原に多く、初夏に出る穂は白く絹のような光沢があり、稔ると鳥の綿毛に似て風にふわふわと飛ぶ。つばなは漢語で蕝《せつ》といい、『説文』では、束茅を立てて神の依り代とすることを蕝というとある。これまでもたびたびふれたように、茅蕝は『国語』や『儀礼』にも記され、祭祀用として鳥の羽毛と交互に使われていた。ということは琮の円孔に茅蕝が挿されれば、鳥の羽毛を挿したことにもなり、束茅には羽毛と同様の役割もあったと推測できる。

三章で述べた雨卜村のミャオ族の芦笠柱をめぐる儀礼をここで参照できる。この儀礼は、まず、各村の寨老が山鳥の羽をつけた帽子をかぶり、手にチガヤの束をもって行列を先導して祭場にくりこんでくるところからはじまる。そして、チガヤを芦笙柱の根方に挿し、稲の豊穣を祈るのである。柱には紙銭が張られ、供物と線香がささげられ、けたたましい爆竹の音の中で村人一同、柱にひざまずく。芦笙柱の根方は石壇状になっているが、柱は石を貫いて地面にささっている。石壇状のものは、あらかじめ中央に円孔が穿たれている。寨老は石壇とチガヤに酒をそそぐ。わたしはこれこそ良渚文化の玉琮ではないかと思った。いや、ミャオ族のこの習俗こそが、玉琮の機能を説明する有力な傍証になるのではないかと胸が高鳴ったことを覚えている。

稲は水と太陽の恩恵で稔る。太陽を呼び出す鳥は瑞鳥である。稲作の初発の地とされる江南で稲の稔りは鳥がもたらすとする信仰がすでにあったことを留意しておきたい。

ミャオ族の芦笙柱には昇り龍下り龍が巻かれている。韓国の神杆にも龍は巻かれているし、ホジェン族の神杆にも蛇が描かれていることは触れた通りである。太陽が世界の西の果てから東の果てに去来するとき龍に乗るという伝承がある。

近年、中国遼寧省阜新市査海遺跡で、八〇〇〇年前の二〇メートル近い石積みの龍が発見され、龍の起源は北方とされた。龍の高い神格は北方の支配者文化の圧倒的支持を受けて展開してきたことは確かだが、龍はまた地中の水脈であり、大地霊として、龍蛇と祖霊の深い結びつきを示し、南方を主に農耕儀礼の中に古くから基層文化として脈打ってきたことも確かである。考古学上は北方が早くとも、必ずしも起源が北方とは限らず、龍が何を象徴したかである。

社の原初の形態は土壇の中央に東茅を臨時に立てたものであり、やがて小石を積んだ累壇に柴を挿し、柴から樹木、そして神竿へと、その形式を変化させていったと考えられる。中国東北部やモンゴルのオボが丘に小石を積み、柳の杖などを挿し、祭竈を近くに設けるのは、社壇の古形とみなしていい。こうした形式は、中国江南から東北部へ、朝鮮半島へ、またわが国へと及んだものであろう。

塁壇に小枝を使ったソッテとチャンスンが立つ（京畿道広州郡）

朝鮮半島のタンサン（堂山）・ソナンダン（城隍山）・ソッテ・チャンスンなど集落の守護神が祭られる聖地の基本は、壇状のものに樹・柱・竿（桿）が立つものといってよい。こうした朝鮮半島の立竿祭祀に明らかに関連すると思われるものが、わが国の現行の民俗儀礼の中にもある。馬韓の蘇塗は、わが国の対馬で「卒土《そと》」と呼ばれるものと同一であろうとは、数多くの先学によ

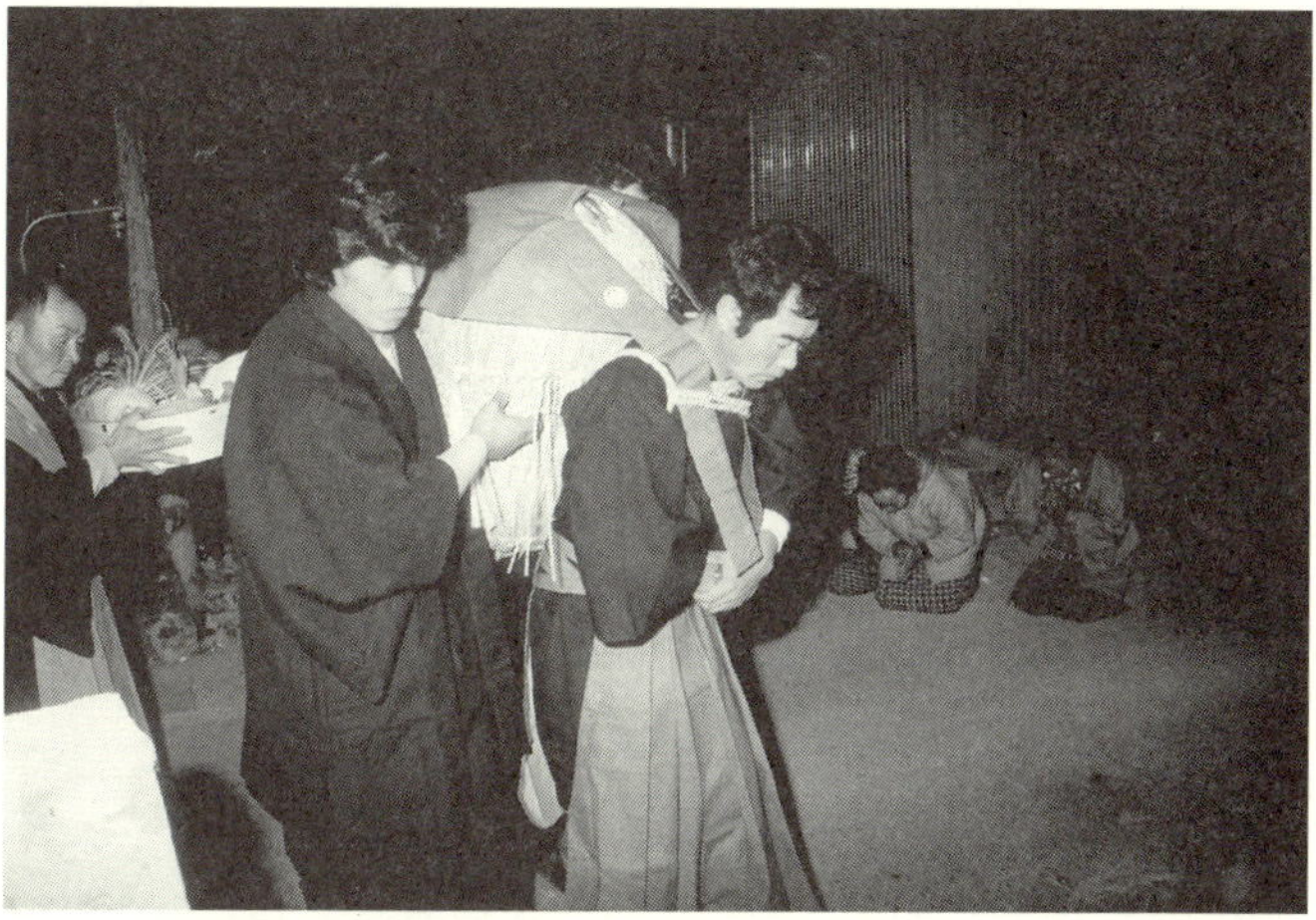

種籾俵は穀霊であり、太陽霊である。対馬豆酘（つしまつつ）

り指摘されている。卒土は「天童地《てんとうち》」ともよばれ、神霊の憑り来る地で、対馬の豆酘《つつ》と佐護《さご》の天童地が知られる。

わたしは豆酘の天童地を訪れたことがある。そこは天童山の山麓の森を深く分けいったところで、天童法師の墳墓とも伝える累石壇があり、地元の人たちは「オソロシトコロ」とよぶ。さらに天童地はテントウ（天道）サマを祀る地であり、太陽を人格化した天童法師は、「日の御子」でもある。また、豆酘には穀霊を祀る収穫祭として赤米神事がある。村人は種籾俵をテントウサマと呼び、種籾俵の渡御を土下座して拝む。このように太陽霊と穀霊との習合が蘇塗と卒土に共通してみられるわけである。

東アジア的規模をもつ神杵

再び中国北方民族にふれよう。ホジェン族と同じ形式の神杆は、松下江下流のオロチョン族にもある。わたしがみた大興安嶺の山中でトナカイを飼ってきたオロチョン族の場合は、シャーマンが儀礼を行うとき、テントの中央にシャーマンの木を二本立てる。これをトウロといい、意味は神が降りてここに居住するということである。この木の下部に丸い形の太陽、月、星、鷹などを吊す。

一方、南ツングースの覇者として清朝をたてた満（満州）族は、シャーマンの家の前庭にスオロと呼ぶ神杆を立てる。長さ九尺、九層の天を象徴しているが、九層は漢民族の影響によるもので、本来は一三層であったといわれている。

ことに一二年に一度、屋外で行われる野祭が、祭天儀礼である。毎年正月に定例で催される祖先祭の翌日に、豚を殺し、その血をスオロの頂に塗って、豚の内臓を項近くのワラ苞の中に入れてスオロを立てる。三日以内に神鳥（カラスまたはウグイス）がワラ苞の中味を食べつくせば吉とする。祭りは太陽が輝きはじめるころを見計って行われるが、太陽がいちばん早く力強く輝きはじめるのが東南の方向で、ここに神杆が立てられる。正月には必ず太陽を拝み、なにか事件があったらまず太陽に報告するそうである。シャーマンが野祭にかぶる神帽では、項の鷹が太陽を意味する。

吉林市で満族のシャーマンからうかがった射日神話では、一二個の太陽が出て、一一個射落としたことになっていた。

黒龍江省チチハル市にダフール族のシャーマンを訪ねたことがある。一月二日の正月の儀礼の中で、シャーマンの家の庭隅に柱を東に向けて立てる。儀礼は正月の朝の太陽に向かって行われるが、柱の項には百鳥といって、多数の紙の鳥をとまらせる。シャーマンの神衣の両肩にも神鳥をとまらせるが、神鳥はシャーマンに憑いた神の種類をいちいち教えてくれるという。神鳥が神意を巫者の耳元で告げることは、白川静によると殷の甲骨文の鳥を意味する「隹」の用法にもあり、神鳥の告げる神意には唯唯（ハイ、ハイ）として素直に従うべきものであった。

両肩の神鳥が耳元で神意を告げる

ダフール族の神衣につけられた鏡の数は北方シャーマンの神衣の中でもとくに多いとされているが、昔は鏡にさまざまな銘文が刻まれていたと聞かされた。南ロシアの草原に中国式の鏡が現われるのは紀元後一～二世紀の後半とされているが、漢代のものが多く、ロシアのロフトフ出土の前一世紀の連弧文鏡には「見日之光、長不相忘（日の光現れ、長く相い忘れることなからん)」との銘文がある。[69]多分に道教的な表現をとっているが、鏡が太陽を表わしていることは、この銘文でもわかる。

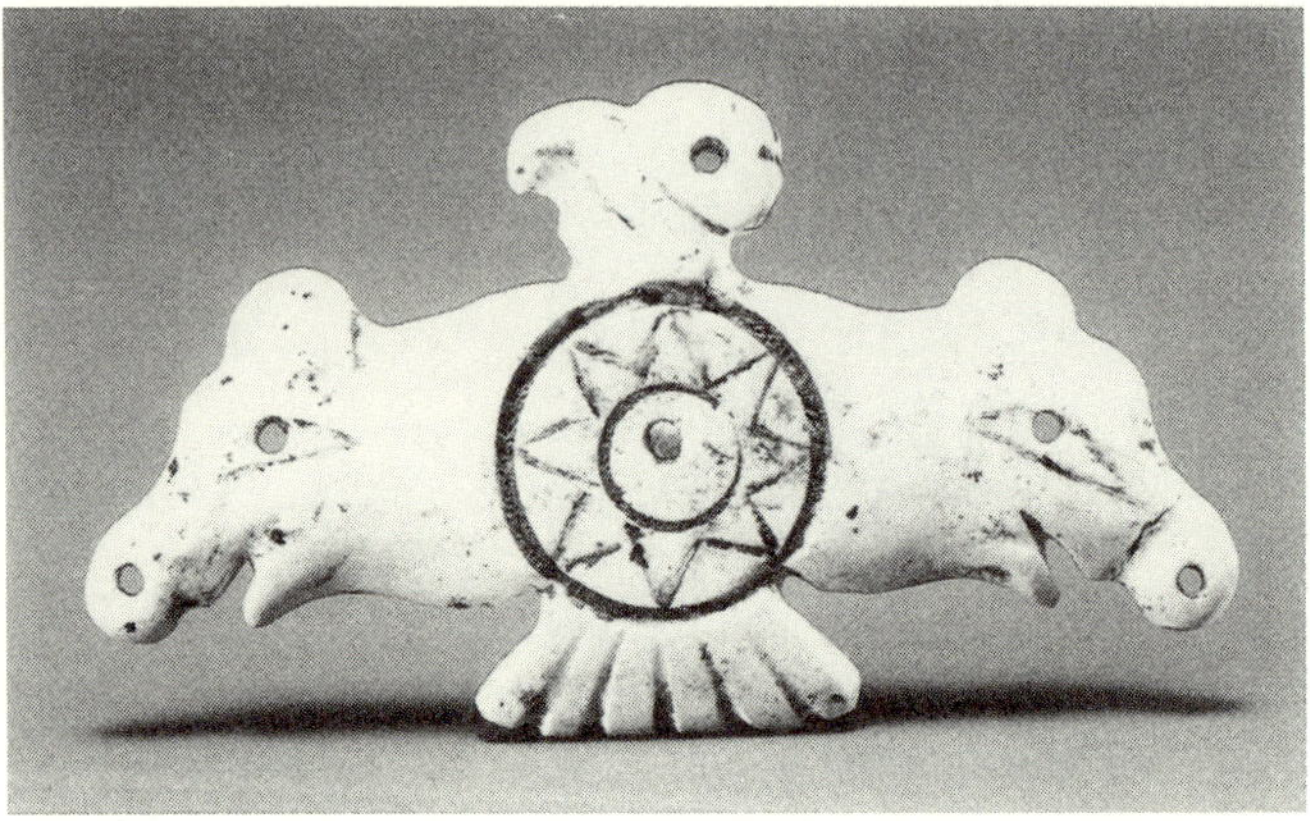

猪翼鳥玉器　菘沢文化　含山凌家灘（文物出版社）

北方諸民族には射日神話や洪水神話が濃厚に分布しており、わが国にも太陽を射る神事や道祖神信仰にまつわる洪水神話が伝承する。これらはもともと江南の射日神話や洪水神話が、中原および殷を介在して北方へ流入したものと思われる。殷には卵生始祖神話があるが、卵や鳥にかかわるこのような神話も、明らかに南方的要素であるといえよう。

鳥や龍のみならず猪も太陽を運ぶ

安徽省含凌家灘から崧沢文化に属する猪翼鳥玉器と名づけられる不可解な玉器が発見されている。林巳奈夫によると〝太陽の猪〟ではないかという。[70]十日神話によると一〇の太陽それぞれが、一〇日に一度一旬《じゅん》すると出番がまわってくる（ちなみに旬は日を囲う形の字で、いわば一〇日を囲っている）。太陽が鳥か龍に運ばれて東の空から西の空に運行するのはよいが、帰りはどうしたのか。再び龍に乗って水脈を走るのもよいが、猪突猛進する猪に運ばれると考えた人があってもよかろうという。太陽と猪の関係は河姆渡出土の鉢に描かれる陶紋猪にはじまるが、含凌家灘のものはイヌワシの両翼が猪頭につくられ、中央に八角星紋の太陽を象徴する図柄である。これだと、鳥から猪に乗り換える必要もない陸空両用の乗り物である。とにかく、日々の太陽のめぐりを何としても願ったのが古代人の感覚というものであったろう。

高句麗の八関会、わが国へ伝わる

前節に述べた高句麗の始祖朱蒙は、国王みずから祀る祖先祭として東盟祭を行った。国をあげての大祭で、祭神は国都の東にある大穴から水辺に迎えた隧穴《ずいけつ》神（岩屋の太陽神）である。『宋史』列伝高麗条では、祭神は「歳神」すなわち穀神であるとしている。弓の名手、弓将軍である朱蒙は鳩を射て麦種を得ている。

ところで、高句麗の東盟祭は、のちに仏教と結びついて八関会ともいった。本来は入信者に八戒を授ける仏教の儀式から出た名称だが、実際の内容は穀神をまつる東盟祭を受け継いだ収穫祭であった。仏教との習合は始祖をまつる霊祭の側面によるものであろう。この八関会には、外国

頂の日月星辰に荒神が点火する

人の朝賀と宝物献上が行われ、日本からも礼物を届けたという。

わが国では、山口県岩国市行波《ゆかば》で七年に一度、八関行事が行波神楽（または行波神舞）の呼称で行われている。享保一六年（一七三二）と安政五年（一八五九）の神楽目録によると「八《はっ》関作祭《かんさくまつり》」の呼称で稲の刈り上げ後の収穫祭として催されていた。

現行の行波神楽は「弓将軍」の曲を含むが、ここで注目したいのは「八関の舞」と「柴鬼神」である。柴鬼神には祖霊祭的要素があり、善の綱という死者を導く綱を使って舞う。

祭場は川辺の河原で、一石以上もある赤松の柱九本をもって神殿を立て、また神殿からやや川上に高さ一三尋《ひろ》半の赤松を一本立てる。これを柱松《はしらまつ》という。

神殿と柱松を結ぶ参道は幅一間半、長さ二〇間余り、また神殿と柱松はシメ縄でつながれる。参道左側には八つの莚囲いの小祠が設けられ、ここに八関の舞にかかわる神々が鎮まる。そして柱松のもとには米俵が大黒積に積まれる。

八関の舞では鬼たちが神殿から出て舞いながら柱松に向かう。ついで白装束の荒神一人が進み出て柱松に登り、先端の松の葉にとりつけてある日・月・星辰の「三光」に火をつけて網を伝って降りる。こうした「柱登り」の儀礼は、各地にある修験の「柱松」の作法と同じで、火を灯しての霊祭である。この、柱松は日・月・星辰という宇宙の運行を代表するものの依り代となっている。さらに八関の舞の柱松をみれば作柄に決定的作用を及ぼす日神――太陽信仰と深くかかわっていることがわかる。

同じ山口県で岩国からもほど近い下関市長府町《ちょうふ》の忌宮には数方庭《すほうてい》と呼ぶ祭（八月〔以前は旧暦で七月〕七日から一三日）がある。神功皇后の三韓平定後、高麗国王の怨霊が三間四方の大鳥となってわが国に飛来、人畜におびただしい被害を与えたので、正月一六日に住吉大神が一矢でこれを射た。そして地下七尺に埋め、石で覆った。日ならずして、怪鳥の祟りで悪疫が流行、そこでその霊を鎮めるため数方庭の祭りがはじめられ、幟の先に大鳥をかたどった鳥毛と小鈴をつけ、それを立てて鬼石をめぐることとした。国分直一は、この「数方庭」と呼ぶ祭りの呼称は、朝鮮の村祭の〝ゾッテ〟に由来するものではないかと指摘された。ソッテは「スサルテ」ともいい、目にみえない悪霊を意味する。忌宮の「数方庭」は単なるあて字であり、朝鮮半島の「スサルテ」が日本でスホウティになった可能性は十分に考えられる。

柱松と修験道の宇宙観

行波神楽の柱松は松登りともいい、修験の関与するものであった。修験のたずさわる柱松は山形県羽黒山の松例祭・長野県戸隠の柱松・福岡県英彦山《ひこさん》の松会など数々ある。もともとは盆に行われた民間の精霊会に修験が加わったと考えられているが、その根は奥が深い。その底に基層文化として連なるものは祖霊のみならず太陽神を含めた霊魂の去来信仰であり、日本人の他界観・宇宙観であろうと思う。

宮家準に「修験道の宇宙観を中心として——日本のシャーマニズム」という論文がある。[71] 宮家は修験道のコスモロジーには教義的には山中を金剛界・胎蔵界として峰入りし、宇宙山という天と地上を垂直的に結ぶ軸としてのシャーマンをめざすが、理想的な峰入りとなると宇宙になぞらえた山をさらに越え、吉野の山から最後は和歌山県の勝浦にある補陀落の浜に出、そこから船出して観音の浄土まで水平的に海の他界に入っていくという。このように、修験道のコスモロジーを垂直思考だけで考えるのは誤りであるけれど、修験道が、聖なる他界とされた山岳で修行をつみ、そこの精霊や神を操作する力を獲得することを旨とすることを重視し、こうした宗教体系は、日本のシャーマニズムを研究する際の格好の対象と考えることができるといっている。

一般に、シャーマニズムは初めて研究・定義された北アジアを源流と考えるとき、人間の世界と神々の世界との往来は、その中心に軸として「シャーマンの樹」がたっており、脱魂型という天空志向のシャーマニズムにかなった宇宙論が展開される。宮家も修験の山を宇宙軸とする考え方は北方シャーマニズム的なものの影響かもしれないといっている。わたし自身は宇宙山、宇宙樹を長江流域を中心とする南方起源と考えているけれど、日本のシャーマニズム学界に宇宙論を持ち込んだ宮家の修験道論は異例であり貴重である。宇宙軸についてわたしは修験に限定することなく、折口信夫的な依り代論とも噛み合わせて考えるべきものと思っている。日本ではシャーマンがどういう契機で生まれるかの成巫過程の研究に余念がなく、コスモロジーに焦点をあてた研究はよそもの扱いである。シャーマンとは、秩序があり調和のとれた世界、宇宙（コスモス）を統御する宗教者であることを、ついぞ忘れたかとさえ疑いたくもなる。

大和の葛城山は修験道の開祖役小角が最初に修行したとされる大峰山と並ぶ修験道の聖地である。この葛城山の修験者に持ち伝えられた縁起に鎌倉時代初期（一三世紀初頭）に興福寺の僧の手になったといわれる『大和葛城宝山記』がある。

少々長い引用であるが、宮家によると、

この葛城山の縁起を見ると万物の根源である水から天地が生じるがその時葦芽（戈、独鈷）から、あたかも地母神をさすかのような慈悲神王が生じ、その神王の臍上の蓮花から天を支配する梵天王が生まれている。そして、神そのものと化した葦（戈、独鈷）は、その後も国土山川草木を生み出すもとになると共に、山跡の中心に立てられて、心の御柱（宇宙軸）になったとされている。またさらにそれが、修験道の本尊ともいえる不動明王をはじめとする諸尊にと化していったとされているのである。

室町時代末（一六世紀初頭）になると修験教団も確立し、体系的な教義書も編まれるようになっていった。その一つで現在も修験道の中心的な教義書とされる『修験修要秘決集』には「世界建立之事」と題する切紙がおさめられている。ここでは、世界の最初は混沌未分で鶏卵のような状態であったが、大日如来の阿字の命風が充満していた。やがてこの状態から天地、陰陽が分かれていった。そしてこの天地が和合することによって万物が生まれ、陰陽が交わることによって人体が生まれたとしている。このように大日如来の阿字が充満した混沌とした状態から天地、陰陽が分かれ、さらにその交合から人体をはじめとする万物が生じるという思想はその後の修験道の宇宙起源論の主流をなし、江戸時代には、これに関する注釈がなされるようになっていくのである。

筆者はかつて『神樹』を著し、主に中国の宇宙樹についてさまざまに論じたが、この大和の葛城宝山記の世界は中国の〝中心のシンボリズム〟そのままであり、『古事記』『日本書紀』の中国古代神話の写しの如き天地開闢神話の、いわば中世的翻案といってもよいものである。

大日如来は宇宙の中軸

ここで面白いのは仏教の宇宙観そのままのような形をとってはいるが、大日如来の阿字が充満した混沌とした状態から天地、陰陽が分かれ、さらにその交合から人体をはじめとする万物が生じるという思想である。宇宙の中心の須弥山も、水中に生じた大日如来の阿字から生まれたと観じ、その須弥山頂に蓮花がはえ、これが満月、独鈷、金剛杵と変じ、最後に本尊自体になると観じることである。

金剛峰寺多宝塔

「このように修験道の代表的な修法に見られる道場観では、いずれも混沌の中にある大日如来の種子がもとになって、水中に宇宙山が出現している」(宮家論文)ことで、大日如来を太陽そのものの象徴ととらえれば、中国古代の太陽信仰にあまりにも類似しているといわざるを得ない。中国古代の巫者が太陽を司る者であるならば、修験者もまた大日如来、すなわち太陽を司る者であるといっても過言ではなかろう。密教は、大日如来を中軸とする。即ち大日はあたかも宇宙の神格化であり、一切万象は大日如来から流出展開する。

教王護国寺（東寺）は、空海により真言密教の道場としての意義を担わされ、五重塔（現在のものは寛永一八年再建）の心柱は大日如来の象徴である。また、高野山金剛峰寺の多宝塔（大塔とも呼ばれ昭和九年の再建）も当然大日如来を祀り、塔自体、宇宙の中心と考えられている。

最古の鳥居群にみる太陽信仰

東北芸術工科大学では学内の文化財保存修復センター及び東北文化研究センターが中心となって「山形に残る日本最古の石鳥居群の本来の姿と地域空間を生かした保存・活用」をテーマに研究活動をつづけている。わたしも二〇〇五年・六年と再度活動に参加をうながされた。きっかけは修復研究センターの張大石《チャンテック》が拙著『稲と鳥と太陽の道』を読んで下さったことによる。

これまでの多くの方々の調査を踏まえて、二〇〇六年一二月のシンポジウムに山形大学の伊藤清郎が「村山盆地を取り囲む山岳信仰と鳥居——蔵王信仰・龍山信仰を中心に——」を発表した。そのうち、とくにわたしの興味を引いたのが、修験道とのかかわりを含む石鳥居の古さと方位である。村山盆地は奈良盆地と同じく南北に細長く、盆地空間には出羽三山信仰の月山、湯殿山と

元木の石鳥居に春分の太陽が昇る（修復研究センター提供）

葉山、そして蔵王権現信仰の蔵王山と滝山などの霊山に囲まれている。

さらにここで村山盆地の一〇ヵ所の石鳥居について概要が述べられている。一〇ヵ所のうち、八ヵ所の鳥居が東向き、一ヵ所は可能性として東の寺院との関係が検討され、残る一ヵ所は村山盆地における古石鳥居の北限を示すが、現在は倒れて部材が散乱している。一〇ヵ所のうち、元木・成沢・清池の石鳥居は平安時代後期の製作とされる。

鳥居の向かう東の方位は奥羽山脈の麓の「ハヤマ」「モリヤマ」であり、稲作に必要な水の流れ出る「水分山《みくまりやま》」として崇拝されていた。小野寺正人・月光善弘の「蔵王山の修験道」[72]によると、蔵王山の修行場は、吉野・熊野などのほか、白山修行者によって開創され、蔵王連峰の最高峰である熊野岳の頂上（一八四〇・五メートル）に蔵王・

白山・熊野の三つの権現を勧請している。おそらく開創は平安時代初期の天長年間頃とされる。蔵王の登拝は四月八日をトビラキ、一〇月八日をトタテとし、里宮・山宮への去来信仰にもとづき蔵王権現を、四月は里宮（蔵王権現御旅所）から刈田岳の奥院へ、一〇月には山頂より里宮へうつしていた。背景には山を神の鎮座するところとする民俗信仰があり、こちらは春に山の神が山から降って田の神となり、秋に再び昇って山の神となるという全国的にみられる神の去来信仰である。

蔵王山は麓のハヤマとともに、春の雪解け水が期待される源であり、秋の稲の刈り上げが終われば刈田権現や葉山権現を祀る権現講が一〇月八日に行われ、一升餅を食べる大餅振舞いがあった。秋の刈り入れ後には刈田峰神社に稲穂を納めに登る。夏には南蔵王の真ん中に「種播き入道」や「雪入道」が現れ、これを目安に種籾を播いたといい、年によって杖をついたり、傘を持って現れる。杖の時は日照り、傘の時は雨が多いという。蔵王は農民にとっての自然暦であり、作神様の籠る山であった。蔵王の西麓に東に向いて立つ石鳥居群の多くは山に向かう登拝口にある。国指定重要文化財の山形市鳥居が丘の元木の石鳥居からは彼岸の太陽が昇る。わたしはそこに宇宙の神格化である大日如来の姿をみるのである。

太陽と太陽の象徴である鳥は、本来中心のシンボルの役割を担っていた。鳥をとめた柱、つまり「鳥居」は太陽の依り代としての神座が出発点であった。やがて、鳥居は太陽を迎える門として変質、ついには太陽信仰と切り離されて、シメナワと同様、内部が聖域であることを示す結界と、その機能は降格されていったと考えられる。

第五章
カミ、ホトケと出会い「神社」を生む

姿なき〝民俗のカミ〟は、
山・岩・森・巨木を依り代として顕現した。
しかし列島に仏教文化が染み通ると、
むしろ得意とする造形力にものをいわせて
カミを形あるものに変えていった。

出雲大社の岩根御柱

平成一二年（二〇〇〇年）四月、島根県・出雲大社境内にある発掘現場から三本のスギの木を束ねた一本の巨大な柱（直径三メートル）が発見された。この出土した柱は、本殿を田の字型に構成する九ヵ所の柱のうち棟を支える棟持柱（南・宇豆《うず》柱）と考えられている。その後、岩根御柱、東南の側柱を加え合わせて三個の柱根が発見され、放射性炭素測定C十四で、西暦一二四八年（宝治二年）の正殿式造営の本殿残柱であることがほぼ確実となっている。

島根県の島根という言葉を考えてみると、出雲大社の中心の柱を「岩根《いわね》御柱《おんばしら》」と表現していたことと関係がある。根というのは、地中深く入り込んで、地上の何かを力強く支える、つまり、根っこの根で、不動のものをあらわす言葉である。『古事記』にはオオクニヌシとスセリヒメが結婚して、宇迦能山《うかのやま》の山本（山麓）に「底津《そこつ》石根《いわね》に宮柱太《ふと》しり」出雲大社を建てたと、大社の起源を記している。

このことは、イザナギとイザナミが漂える国を固めてオノゴロ島をつくり、島に「天の御柱を見立て」た柱を立て、柱をめぐり、「みとのまぐはひ」（性交）の後、つぎつぎに島や国を生んだ、いわゆる天地創世神話に通じる。天地ははじめ混沌としており、自ずから固まった島＝オノゴロ島に柱を立てることではじめて秩序が整い、この世界は創世されたという。

いわば、この「はじめに柱ありき」という思想は東アジアに広くみられる神話体系といってよく、「岩根御柱」も、この汎東アジア的文脈に棹さしてようやく全容を解明することができるというものである。人類が高文化としての宗教を創り出す以前、宇宙樹あるいは生命樹とよばれる神樹＝柱が、人びとの精神世界の中心を支えていたと考えられる。

一般民家でも、中心の大黒柱を立てることから家は建てはじめられる。ちなみに『広辞苑』で「大黒柱」を引くと、「家の中央にあって、最初に立てる柱、転じて家や団体の中心となり支えとなっている人」とある。『古事記』によると、イザナギ、イザナミの兄妹神が柱をめぐり「みとのまぐはひ」の後、新居に住み、つぎつぎに島々国々を生んだとある。その際、「天の御柱を見立て、八尋《やひろ》殿を見立てたまひき」とされる。つまり「天の御柱」を一本立てて、八尋殿、これは広い家というほどの意味で、二柱の神の住む新居である。一方で、柱を屋に代える（見立てる）屋代＝ヤシロ＝神社をも意味する。オオクニヌシとスセリヒメの新居が出雲大社であることに、これは通底する。

心の御柱と、神のすまいの両立

しかし、男女、陰陽、和合による新居が神社の起こりとするよりも前に、中心の柱をぬきに考えを進めることはできない。出雲大社の巨大な岩根御柱は本殿内部床上を中央で貫いている。しかし、棟にまで達しているわけではない。棟を支えているのは棟持柱で、心柱《しんばしら》（中心を通る柱）は棟を支えていない。つまり構造材としての役割は持っていないのである。三重県の古社、伊勢神宮の場合でも、心御柱《しんのみはしら》と称するものは、低い本殿の床下に留まっている。

「神明造り」の伊勢神宮は平入りで、妻入りの「大社造り」の方が建築史学的にみても古いとされている。伊勢神宮の心御柱も、出雲大社の岩根御柱の系統を引くと考えられる。しかし、神社は中心の柱だけで成り立つわけではない。神社の起源として、出雲大社は神の住まい＝宮殿から、伊勢神宮は穀霊の住まい＝穀倉からといわれてきた。神を祀る祠が穂倉《ほくら》を語源としていることは明らかである。

柳田国男は、主婦の狭い隠れた寝室＝納戸《なんど》に、稲の種子籾《たねもみ》を神として祀る風習は全国に散在するといい、山陰山陽（中国地方）ではその神をトシトコサンまたはお年様というといっている。大藤《おおとう》ゆきは、納戸で産をするときワラ束や米俵にわざわざ寄りかかるのは、人の誕生と稲の産屋《うぶや》とは関連するからであるとした。石塚尊俊《いしづかたかとし》は鳥取県関金町では、納戸にトシガミサンを祀り、正月に種子籾俵を置くが、家によっては別棟の倉に祀ると報告している。

出雲大社が結婚のための新居としても、納戸に種子籾を祀った穂倉でもあった。出雲風土記にも地名伝承として「多禰郷《たね》。……天の下造らしし大神大穴持神《オオナムジ》（大国主）と須久奈比古命《スクナビコナ》と天の下を巡り行でましし時、稲種を個々に堕したまひき。故、種といふ。」とある。

つまり神社の初発の段階は、カミそのものの中身はともかく、カミが山や森、柱など垂直に伸びる自然や人工物に憑りつくことにはじまる。これをカミの「依り代」といい、人間に憑りついた場合は「憑り坐し」という。「岩根御柱」や「心御柱」は、こうした縄文文化的依り代にあり、後にヤシロー屋に代わるもの・柱——から神社としての神殿の発生に至る。柱が屋根を必要とし、室としての空間を生むのは弥生時代になってから種籾の籠り屋の誕生以後のことである。

縄文的カミは垂直思考で、弥生的カミは水平思考であるといわれるが、これは誤りである。霊魂や神霊が天空を飛び、垂直的にも水平的にも去来するように、稲魂や年魂も天空を飛行し、稲魂が人格化された田の神さえも水平・垂直、共に去来する。ここで大事なことは「循環」という現象と思考方式である。

宇宙樹的「依り代」の柱の根方で、一年の時間の終焉と更新を計る祭りを司るのがシャーマン、つまり「依り坐し」である。伊勢神宮の場合は「御杖代《みつえしろ》」といわれた斎王《さいおう》であり、長野県の諏訪大社の場合は大祝《おおほうり》（諏訪明神が憑依している）の代役である御杖代（神使《おこう》）である。一方、出雲大社では、国造《くにのみやつこ》が「御杖代」とよばれ、かつて本殿内の中央の柱（岩根御柱）で司祭したと考えられる。杖もまた宇宙樹を代弁していると考えていい。祭神大国主が国作りした葦原の中つ国は、高天の原・中つ国・黄泉の国という三層の世界軸の中心層を形成していた。

カミの柱は墓標でありながら太陽柱

縄文の巨木崇拝を訪ねると、常に死者の世界と切り結んでおり、その意味で巨木は墓標ともいえる。巨木信仰を特色とする縄文中期の社会には、墓地を単に死者を埋めた場所から祖先を祀る場所に転じたとみられる例も数多い。むろん子墓と成人墓の区別もあり、生まれて死に至るまで、そして死後における人生過程の通過儀礼もあったのではないかと想像される。すでに定住のはじまっている集落にお祭り広場としての公共施設が墓地中央（あるいは端）に設けられていた。そこに建つ巨木は、生命の根源としての生命の木でもあり、人間の魂は先祖によって与えられたもの、むしろ先祖の生まれ変わりの観念と認められていたと推定できる。弔い上げのウレツキトウバなども生命の木にほかならない。

縄文の巨木柱列でよく知られる青森県三内丸山遺跡では、北西隅に位置する掘立六本柱に向かって、三方から墓道が入り込んでいる。東の大道、南の大道、西の大道と名づけられた墓道の両側には、道路に足を向けて数百メートルにわたって列状に成人用の土擴墓《どこうぼ》（土中に直接遺体を納めた墓）が並ぶ。北西という方位は、民俗学でいう祖霊の去来する方位であり、中国・殷代でも『礼記《らいき》』（檀弓《だんきゅう》）から、西北は死霊の通路とみなされていた。[73] 北西は季節風の吹く方位であり、渡り鳥が去来し季節を知らせる方位である。これに祖霊の去来を重ねていたのであろう。

三内丸山の巨木柱列は墓道を配した北西隅に置かれ、恐らく死霊供養の祭祀が行われたであろうし、あの世での死霊の鎮魂と安穏は、この世の生活の安泰を約束するものである。そして、この巨木柱列は、先にふれたように、山を方位の目安とした周囲の景観と二至・二分（冬至・夏至・春分・秋分）の日の出、日の入を意識したものである。これらの縄文祭祀遺跡からうかがえることは死者祭祀と時間の読みとりが不可分であり、死霊の去来と二至・二分の太陽霊の去来とは結びつきが深かったと推し測れることである。

鳥居と彼岸の太陽

どなたでもご存知の神社の鳥居であるが、その起源となると何もわからないのが実情である。語源については一般に「鳥の居るところ」と考えられているが、なぜ鳥がそこにいるのか。おそらく鳥の信仰と重要なかかわりがありそうである。しかし、この種の構築物が文献に最初に登場した『皇太神宮儀式帳』（八〇四年）では「於不葦御門《うえふかずのごもん》」とあって「鳥居」の名称は付されていない。鳥居は機能からいえば、内部が聖域であることを標示するもので、シメナワとまったく同様の機能を持っている。宗教学者山折哲雄は、鳥居は仏教の山門を含めた意味での門、シメは仏教でいう結界であるといっている。鳥居、千木、堅魚木、注連、御幣などいずれも神道を象徴しているが、御幣以外みな仏教とつながりを持っている、というのが山折説で、千木などは鬼瓦の

ようなものとしている。(74)

ところで、大阪市天王区にある四天王寺は『日本書紀』では五九三年（推古元年）に建立されたと伝える古寺で、塔を中心とする伽藍配置も仏教伝来初期のものといっていいであろう。平安時代には太子信仰、後に浄土信仰の隆盛にともない、浄土の入口と観念されるようになり、西門から夕日を拝む行為が流行し、今日に至っている。これを日観想という。上方落語で「天王寺詣り」といえば彼岸の中日、春分の日に真西の西門に沈む太陽を拝むにぎわいを下敷にした落語である。また、能の「弱法師」は、この日西門のさらに西側に位置する石の鳥居の下で行われる大施行に集まった群衆の中に施しを受ける盲目の芸能者・弱法師である俊徳丸が父親と再会する物語である。

彼岸こそ、春秋の太陽信仰

彼岸といえば春分・秋分の日をはさんで前後七日間、死者の霊を鎮めるために先祖まつりをすることであるが、奇妙なことにアジアの仏教国ではまったくみられない、わが国だけの行事である。このことはきわめて重要である。春分の落日を拝したのは、浄土信仰にはじまるわけではない。彼岸という言葉は仏典からでた梵語にわが国で漢字をあてたにちがいないが、ヒガンという呼び名は日拝み・日願にあるとの説がある。

和歌森太郎によれば、近代でも鳥取県・島根県の一部で行っていた日拝みなどから、春分・秋分の太陽を拝むヒオガミ→ヒガミ→ヒガンとし、あるいは日の神の願いという日願にこじつけて、彼岸という言葉を結びつけ、彼岸会を設けた、とされている。[75] 彼岸が仏教の概念であっても、彼岸会はわが国独自のものであることは、宋の大休禅師の語録などに「日本国では彼岸とて、春二月、秋八月（旧暦）、祭りをする習慣がある」と、いかにも珍しいことのような記述があることでもうかがえるという。

長野県北安曇《あづみ》郡では春秋の彼岸の終わりをニテンガンといい、日天願《にってんがん》の意味らしく朝日夕日を拝む。兵庫県東部地方では、彼岸の中日または彼岸中の一日を選んで、ヒムカエといって東に向かい、午後はヒオクリといって西の方へ歩いてゆく風習があった。関東地方では春分を中心にした彼岸に天道念仏が多く行われるが、以前はただテンマツリといっていた。江戸時代に仏教と習合して念仏が加わったもののようである。天道念仏にはオタナと呼ぶ祭壇に太陽と月を意味する三足鳥と兎の絵を飾るところもあり、注目される。春・秋分に太陽の運行に関する行事が多いのは当然で、冬の大地を呼びさます春の陽光こそ、渇望の対象になったのだと思う。

一方、仏教行事とは思えない墓参りがある。春秋の彼岸にお山に登るのである。青森県下北半島の恐山のお山参りなども、現在は七月の地蔵講が主になっているが、もともとは春秋の彼岸に行われていた。栃木県岩舟山も死霊の山の一つで、今でも春秋の彼岸にお山に登り祖霊の供養を

山頂に向かって卒塔婆が林立する（栃木県岩舟町）

する。九州南部の阿蘇山麓地方のヒガンコモリや鹿児島県出水《いずみ》郡などの山参りも、その一つである。秋田から出羽地方、岩手県境の鹿角《かづの》地方では、彼岸のことを「おじなおばな」という。ワラやオガラを焚いて、おじいさんおばあさんはじめ先祖の霊を呼ぶのである。こうした死者供養の行事から読みとれることは、死者の霊が山に籠る、いわば山中他界の観念と、春分と秋分の太陽を重要な折り目と考える信仰があったということである。しかも、こうした観念は仏教以前からあった古い信仰であろうと推察できることである。日本民俗学は、それをわが国固有の信仰であるとしている。確かに民俗学が〝彼岸〟という言葉の仮面を剥いだのは正解だが、春分・秋分の太陽信仰や山中他界観念は、ある分布領域を持っていて、わが国固有とはいえない。さらに、日本民俗学は春分・秋分を中心に山の神と里の田の神が入れ替わる、いわゆる神の去来信仰も固有といっているが、春秋に神が去来し農耕の祭りを行うのはむしろ中国にその典型がある。この祭りはそれぞれ春社・秋社と呼ばれ、もちろん春分と秋分が中心である。わが国では春社・秋社とはいわず、社日といっており、社日信仰は後から中国から伝来したものだと民俗学は主張している。しかし日本へは稲作農耕の伝来にともなう祭りとして、弥生時代にはすでに存在していたとわたしは考えている。稲作は伝わったが稲作に関する呪術、つまり儀礼は入らなかったというのは実におかしな話である。

鳥の留まる柱から鳥居へ

鳥居は、出発点では祭祀空間の中心、古代宇宙観の中枢を形づくっていたが、やがて周辺へと移行したと考えられる。わたしの考え方を強く支えてくれているのが、中国江南で最初に野生イネから水稲栽培を成功させたとされるミャオ族の儀礼上の柱である。折口信夫は「古代人の思考の基礎」（全集三巻）の中で、日本の神社の起源は、柱を立てて結界占地を表わすことにあるといっている。また「髯籠の話」（全集二巻）では、古代生活において最も偉大な信仰の対象であった太陽神を迎えるためにはヨリシロが必要であり、それはやはりどこか最天に近い喬木であったろうとしている。太陽を招く柱が根本だというわけである。ミャオ族の柱は折口の思考をまさに裏付けているが、より一層具体的で必要欠くべからざる機能を備えている。ミャオ族は長江中流域で一万年もの昔稲を栽培していたが、北方の漢族の南下にともない西へと移動した。現在、広西壮《チワン》族自治区融水県に移り住んでいる融水苗《ミャオ》族の例を先に挙げたが、彼等は村を新しく開くとき、真先にお祭り広場をつくり、中心に柱を立てる。頂には東に向けて鳥をとまらせ、根方から上に、上から下に向けて昇り降りする龍をあしらう。

この柱の頂にとまる鳥は向きを真東に向け、春分・秋分の太陽を呼びこみ、その折に春社・秋社の農耕祭が行われる。水田耕作に必要な水牛が殺され、祖霊の世界へ送られ、あの世でも水牛を使役して何不自由なく農耕がつづけられるようにと祈る。人びとは鳥の羽根で装い柱のまわりをまわり踊りつづける。音楽は芦笙である。水稲に欠かせないのは太陽の光であり、稲が陽光に神経質な植物であることはいうまでもないが、適度な雨も必要である。中国の古書『説文解字』によれば龍は春分に天に昇り、秋分に淵（水界）にもどるとされている。陰暦二月、太陽暦で三月六日前後を啓蟄《けいちつ》といい冬ごもりの虫がはい出ることをいうが、蛇も穴から地上に出、龍も頭を抬《もたげ》るのである。これを「龍抬頭《たいとう》」といい、龍の去来の季節は春社・秋社の祭りの季節に重なる。

田の神・山の神の去来と社日

わが国でも中国地方の島根県では、田の神であるサンバイが、太陽を父とし龍を母として生まれ来たったという伝承がある。わが国の民間信仰の根幹をなしているのが、田の神・山の神の去来信仰であるとされている。山民の信じる山の神とちがい、里人である稲作民の山の神は、春は田に降って田の神となり、冬は山に帰って山の神になるという言い伝えがある。しかし、これは必ずしも画一化してはいない。山と里の去来が天と地との去来である例もいくらでも挙げられる。

たとえば、群馬県の各地では、春の社日には地神《ちじん》さまが空から降りて百姓の田畠を見守り、秋の社日に天に上るといい、その日はきまって風雨があるという。ふつう、社日は春分・秋分の日に近い戊《つちのえ》の日があてられている。長野県小県《ちいさがた》郡では、田の神のことをお社日様とよび、春は山から里へ降り、秋は里から山へ上る神だとされている。大分県の日田盆地では、社日をサジツまたはサジといい、春のサジの日に作神様が天から降り、秋のサジの日に天に昇るといい、長崎県西彼杵《そのき》郡でも春秋の社日に田の神が去来する。鹿児島県出水《いずみ》郡では彼岸の第一日をサシといって、この日、山参りをする。新潟県十日町などでは彼岸の中日のことを「なかんざし」というようであるが、[76] この「ざし」もサジツ（社日）がもとになっているかと思われる。京都府天田郡川合村（現三和町）の大原神社は春彼岸の中日を祭礼

社日神社のご神体は桶に盛られた土（群馬県大泉町）

日とし「はるさし」と呼んでいたというが、これも春の社日からきていると思われる。群馬県大泉町の社日神社の祭日は、春分・秋分の日にもっとも近い戊の日にあてられており、この日、「社日大神御土地」と書いた土入りの小袋を頒布する。日本民俗学は、彼岸の太陽信仰や祖霊信仰、作神信仰を日本固有の土着信仰とし、中国の社日と切り離しているが、日本の民俗は孤立して成立したわけではない。中国では社日は土地の守護霊である地神を祀る日で、地神は祖霊であるとする考え方がある。

山中他界観に重なる春分・秋分

山中他界観は水稲耕作民族が水源としての山を崇拝したことにより、平地の墓制に山中他界の観念を重層的に加えた結果、生まれたものであろう。いってみれば縄文的世界観に弥生農耕民的世界観が習合したものとみられる。縄文時代、天空へ向かって高みを重ねる奥山への崇拝はあったにちがいないが、やがて農耕社会に進んだ人びとは、直接、平地に水を配分してくれるモリヤマ（森山）・ハヤマ（奥山に対する端山）への崇拝をより強く感じるようになったであろう。

このモリヤマ・ハヤマ信仰にも春分、秋分の太陽信仰が折り重なる。中国の史書『魏志』の倭人伝の注に、倭人は春になると種を蒔き、秋に収穫するが、正式の暦を知らないとある。倭人の暦は生産暦であり、春分・秋分を目安にした自然暦であったのだろう。

「鳥居の起源」を考えるとき、中国長江で流域の河姆渡遺跡出土の、太陽を呼び出す鳥のシンボルマークから説き起こすべきかもしれない。そこに、はっきりと系統関係が認められるからである。河姆渡は大がかりな稲作遺跡で今から七〇〇〇年前の遺跡である。それから鳥霊崇拝のさまざまな展開を、朝鮮半島から山陰・出雲、北九州へとつづけてゆくのが最も系統的で包括的な話のすすめ方になるが、ここでは最近何かと発掘例の豊富な出雲を中心とする最古層の鳥竿習俗から「神社の起源」を考えていくことにしよう。

考古学からみた鳥形木器

西日本各地の弥生時代の遺跡からは、鳥形木器が多く出土している。吉野ケ里に近い詫田《たくた》西分《にしぶん》遺跡からも、弥生中期の鳥形木器と卜占に使用した卜骨《ぼっこつ》（鹿骨）、銅鐸形土製品が同時に出土、大阪府鬼虎川《きとらかわ》でも、鳥形木器が卜骨と共に出土した。卜骨といい、銅鐸といい、明らかに祭事にかかわるものであり、それらと共に出土した鳥形木器が何らかの宗教的儀礼に関係する呪具であることは間違いない。

鳥形木器の多くは胴部の下に穴があき、木の棒の先に取り付けられ、背中をコの字形にくぼませ、羽を表す木が組み合わさった例もあって明らかに朝鮮半島の鳥竿に類似している。穴のないものは井戸など集落の中から出てくることがある。しかし、一般的に鳥竿は集落の縁辺部の濠や小川などの湿地に残っており、わたしが推定しているような広場の中心の木柱に鳥形木器を留めたと思える出土例はほとんどない。乾燥する地質では木器が残ることはないからである。しかし、東アジア的視点でみれば広場に立つ木柱に鳥が留まっていても不思議はなく、鳥霊信仰の本質からはこちらの方がむしろ様式的に古意がうかがえる。鳥も重要に違いないが、「竿」の部分が時にはもっと重要である。柱や竿は、どこに立とうが天空との交信の役割からいって常に〝宇宙の中心〟の意味を担っている。

考古学会では、たとえば金関恕が弥生時代の木の鳥について「蘇塗」と結びつけて農耕祭祀との説を提示したが、馬韓の蘇塗を宇宙樹の観点から考察はしていない。韓国民俗学界と同様に水野正好や渡辺誠は境界標示説を強く主張した。銅鐸に描かれる鳥を、最初に栽培された穀物を鳥が落としたとする穂落伝承のモチーフで説明したのは春成秀爾である。いずれにしろ、考古学会で、宇宙樹との関連で東アジア的視野からの説明を試みた例をわたしは知らない。

西川津にはじまる鳥形木器

中国の楽器・陶損《とうけん》が初めて日本に姿を現すのが弥生時代前期で、北九州から日本海沿岸ぞいに北陸地方にたどる。陶損は卵形の陶製で、中国の河南、山西、南京などに発見例がある。水野正好は島根県松江市西川津・タテチョウ遺跡で発見された陶損が量も膨大であり分布の中心であるといっている。(77) 松江は宍道湖《しんじこ》と中海にはさまれた内湖の要港で、水面の安定度が抜群であるところから中国との交易が盛行したのではないかと推測する。このタテチョウ遺跡から日本最古の鳥形木製品（弥生前期・前三〇〇年頃）が出土している。

西川津の鳥形木製品は形からいって鳥竿と考えられるが、朝鮮半島からの影響によるものか、直接中国からの影響かはわからない。陶損の分布が楚の領域と重なるところから、鳥霊信仰の厚い楚国の文化に染まったものかもしれない。

曽侯乙墓の衣装箱に描かれた樹上の鳥（太陽）を射る図

湖北省江陵雨台山楚墓や同じ湖北省随州市戦国曾侯乙墓《そうこういつぼ》など楚文化に属するものには鳥霊と鹿角とを組み合わせた彫像がみられる。そのほか江蘇省高庄戦国墓、六合県戦国墓、浙江省紹興坡塘《はとう》三〇六号戦国墓などに楚の鳥霊信仰の流れが跡付けられる。湖南省長沙の有名な馬王堆漢墓などは、前漢時代にも遠隔地長沙で楚文化が温存された好例である。

鳥が柱の頂に留まり、それを中心

伎楽房屋の八角柱に留まる神鳥（紹興出土）

に祭祀を行うのは、くりかえしていうように天と地との交信により宇宙の秩序を整えることにある。秩序が整えば、その結果「風調雨順」をもたらし豊穣も約束される。曾侯乙墓の衣装箱には銘文があり、農業の吉祥を示す星を祀り、調和を得て豊作であらんことを祈願する意が示されている。衣装箱に描かれた神樹は明らかに射日神話の一場面である。

紹興坡塘三〇六号戦国墓出土の鳥霊信仰をあらわす青銅器は、楚文化圏の南のはずれの青銅器とみられる。高さ一七センチメートルの伎楽房屋模型と名づけられるもので、ほぼ方形の建物に四面の屋根、屋根の中央に一本の八角柱が立ち、柱の上には一羽の大きな尾を持った鳩と思える鳥が留まっている。八角柱は通し柱ではないが、それは内部で跪《き》坐《ざ》する六人の人間を描くために略したのかもしれない。

伎楽房屋は音楽を奏する場面であるが、祭祀、それもシャーマンの儀礼に深く関わるものであることは、鳥の留まる柱を中心とした房屋で行われていることからわかる。

わが国へたどりついた鳥霊信仰は、稲作文化の複合的要素の一つである。稲作技術は、高度な技術であるとともに、当時技術は呪術でもあり、総合的な意味で〝民俗〟の一部であった。稲作文化の渡来は、その複合文化として鳥霊信仰や太陽信仰をもたらしたのである。そこでは、稲の道と鳥の道と太陽の道とは重なっていた。それはまた、シャーマニズム文化も稲作文化の複合的要素の一つであったことを明示する。

田和山遺跡に中心の柱をみた

わが国最初の宗教的遺跡ともいわれる松江市の田和山遺跡は国指定の史跡であるが、三重の環濠をもつ極めて不思議な遺跡である。山頂部は狭く、東西約一〇メートル、南北約三〇メートル。弥生時代前期末ごろに第一環濠が造成され、同じころ内側南西側斜面に一間四方(柱穴中央を含めて五本)の掘立柱建物と、建物の端からめぐらすかのように南部に三日月形の加工段が形成されている。中期後半には山頂北側に九本のまとまった柱穴群をもつ建物、外周に柵列、第二、第三の環濠がめぐらされるが、不完全なもので切れ目がある。

田和山の環濠の内側には竪穴式住居など一つもなく日常的に人が住んだ形跡がない。外敵から守るための環濠とは考えられず、極めて特異なあり方で、集落跡は逆に環濠の外側斜面にある。

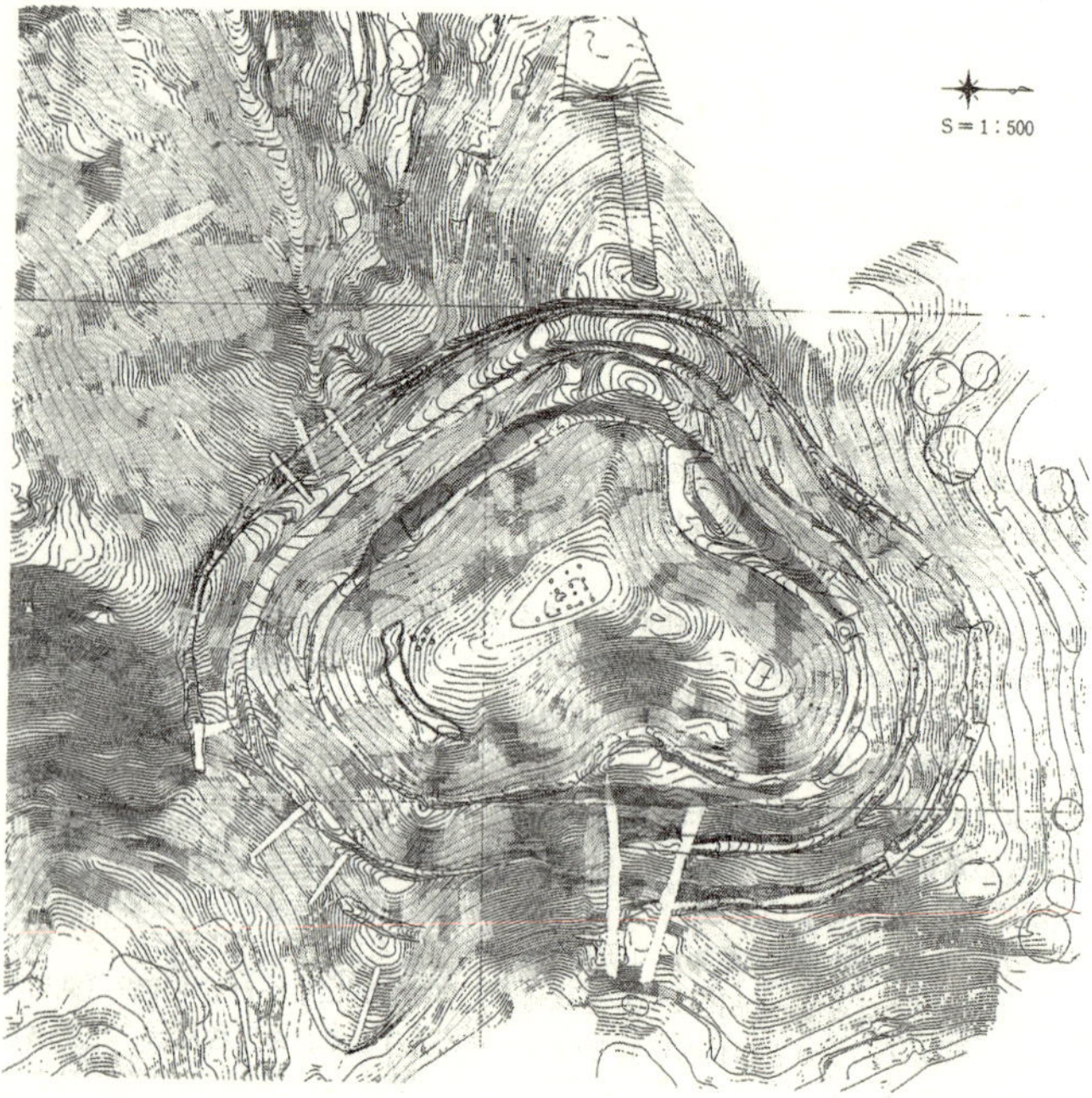

田和山遺跡図（松江市教育委員会『田和山遺跡』より）

何のための環濠か。

田和山遺跡の性格を、周辺の農耕社会の人びとが守るべき宗教的遺跡と考えるのが大方の見解である。祭祀関係の遺物も銅剣形石剣や土玉、分銅形土製品などが出土している。しかし、環濠の内側に墓地すらない。葬地を持たない独立した宗教的遺跡としてはわが国はじめての遺跡である。田和山遺跡は北西から南東という長軸をもつ小山である。もともとあった小山を、特別な意図にもとづいて造成している。南西側斜面の五本の掘立柱を物見やぐらとするのは疑問である。いちばん高い山頂北側の九本の掘立柱の位置に立つと四方がよく見渡せるのに、わざわざやや下った南西側斜面に物見やぐらを立てる必要があるというのだろうか。五本柱も九本柱も中心の一本を意識した建造物と思われる。

五本柱は南西側斜面でちょうど西北の強い季節風を受ける位置にある。西北の風をさける位置の三日月形の加工段の西の隅からは五本柱を見上げる形となる。加工段には火を焚いた形跡があり祭事が行われたのであろう。その祭りは風鎮祭を兼ねており、五本柱の中心の柱は他の四本にぬきん出て頂に鳥を留まらせ、向きは西北を指していたのではないか。わたしも頂に立ってみたが風の強さには驚いた。田和山の九本柱以前の五本柱は、おそらく中心の一本の頂に鳥形木器を留まらせた、稲穂を祀る穂倉であったろう。形式としては、屋外に鳥竿がぬきん出た紹興戦国墓の伎楽房屋などが参考となろう。

つぎに田和山の山頂部の九本柱（中期後半）であるが、実は田の字形の九本柱の建物が鳥取県米子市淀江町洞ノ原地区の妻木《むき》晩田《ばんだ》遺跡にもある。こちらは弥生時代後期に属する。八〜九世紀とされる島根県斐川町の杉沢Ⅲ遺跡の九本柱の建物も二間×二間という九本柱・田の字型の総柱構造で、これらは出雲大社の本殿・大社造りと共通する形式である。

田の字型の総柱構造がいかに特異なものであるかは、九州北部の弥生時代の掘立柱建物遺跡群が六本・八本・一六本で、五本・九本という中心の柱をもつ田の字型の遺構は知られず、また近

神社と見られる建物跡では「田」の字形に並んだ9本の木柱のうち、中心の柱だけが針葉樹で、ひとまわり太く、ひときわ深く埋められていた。（文化庁編『発掘された日本列島2006』朝日新聞社書籍編集部刊2006年）

畿以西の弥生時代の建物にも例をみないことからもわかる。

青木遺跡に中心の柱

そこへもってきて、近年、出雲平野の北東端、出雲市東林木町に所在する青木遺跡が注目を集めた。山際の小さな扇状地形上にある弥生中期から近世にかけての複合遺跡であるが、ことに奈良時代後半から平安時代初期にかけての祭祀関連遺構が問題視されている。文化庁編『発掘された日本列島二〇〇六　新発見考古速報』に松尾充晶が紹介している。[78]

みつかった八棟の建物のうち一つは平面が「田」の字型で表される九本の柱から成り、中心の柱だけがひとまわり太く、ひときわ深く埋められていた。中心の柱は針葉樹材で、周囲の柱は広葉樹材と区別されていた。つねに中心の柱を意識してここでは五本柱から九本柱へと移行したのであろう。付近からは火燧臼《ひきりうす》、手捏《てづく》ね土器、木製刀子《とうす》、陽物状木製品、木彫神像など祭祀関連遺物が出土している。神像は高さ一三〜一五センチの小さな男神の木彫坐像で冠をかぶり手には笏《しゃく》を持ち、憤怒の表情をしている。明らかに仏教の影響でみえないカミの可視化が生まれている。

そのほか、木簡八八点、墨書土器一一一七点の出土は、中国・四国地方で最多であり、出土した木簡の記載内容から、この付近に役所としての機能を持つ施設が神社や祭祀の宗教施設と同時にあったとする見方が有力になっているという。

「高殿」説への疑問

辰巳和弘は、かねてより祭政未分化の弥生時代、古墳時代のマツリゴトをする建物は、神を祀る場であると同時に、いわゆる政治をやる場でもあったとし、神社の起源をここに置く。しかし神社・神殿・祭殿という言葉をさけ、「高殿」という言葉をつかっている。(79) 祭殿というと、そこへ神が来臨される場という。神の存在のほうに大きくウエイトがおかれるが、いわゆる政治や裁判をすることも首長の行為の一つであり、それも同じ建物を利用して行われていたわけで、その部分を捨象するわけにはいかないとしている。

しかし、田和山遺跡をカミの遺跡と考えるならば、日常的に人が住んだ形跡もなく明らかにカ

４年ごとに仮屋に遷座する
（棚倉町箕輪、1988.11.25撮影）

ミが占有する、カミを誘う竿をもつ穂倉――祠の初発の段階の遺跡ととらえたい。わたしはヤシロという神社を意味する言葉が屋に代るものという、いわば覆う屋根のない柱が原型と考えている。しかし、屋根をもつ仏教寺院の影響で、本来、本殿のない神社に本殿が生まれ、臨時に神の降臨を仰ぐときのみ神を司る者が社殿に入り神と対話する。日本の神は常住しないのが本来である。

穂倉も恒常的な施設ではなかった

先に種籾を稲魂＝田の神として祭る穂倉（祠）が神社の先行形態の一つとしてあると述べたが、祭政一致の古代とはいえ、日常的に日々の政務を行う常設の建物と、臨時祭を旨とする神祭りの建物とは、別棟であるのがたてまえであろう。福島県棚蔵町に「お枡小屋」と称して高床・平入りの穂倉がある。米を量る枡を棚蔵町の四地区で、四年ごとの旧暦一〇月一七日に遷座する行事である。元禄五年（一六九二）の字馬場の都々古和気《つつこわけ》神社の記録では、四九ヵ村一一ヵ所の各枡場で頭屋制で行われていたという。現存するのは福井、玉野、一色、箕輪の四集落である。都々古和気神社とは種籾の俵であるツツコを分配するという意味の社名で、枡が使用される以前からの伝承である。九州の国東半島で、「オタネワタシ」と呼ぶ民俗に匹敵する。延喜神名式が陸奥国「白河郡七座」にも、くだって康和五年（一一〇三）の神祇官奏にも「陸奥国都々古和気神」の名がみえる。

カミをヒト柱、フタ柱と数えることにも原初的なカミ観念が読みとれるように、カミ来臨の依り代にヤシロの起源をみるのである。そうした文脈に沿っていくとその延長線上に青木遺跡の九本柱の社殿があり、中心の柱の重要性がうかがえる。宗教思想の中心に柱を置くのは世界的にみてもいわば常道である。

各地にある「心御柱」

出雲大社の現在の本殿は、正面・側面とも三本ずつ柱が並び、中心の「心御柱《しんのみはしら》」が径一〇九センチで最も太く、前面・背面の中央に立つ、屋根の重量を支えている南北二本の「宇豆柱《うずばしら》」が径八五センチ、東南・西面の三本ずつ、計六面の柱は径七三センチとなっている。建築構造学の西澤英和は「つまり、中央の岩根御柱（心御柱）は、（屋根の）荷重を支えているのではなくて、

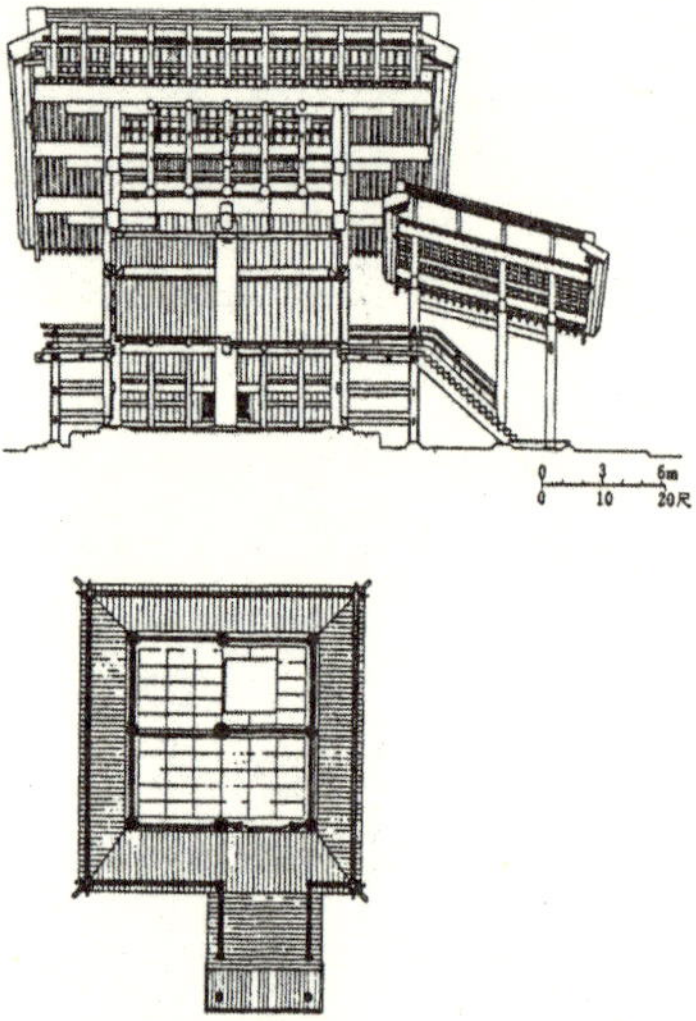

出雲大社平面図・断面図

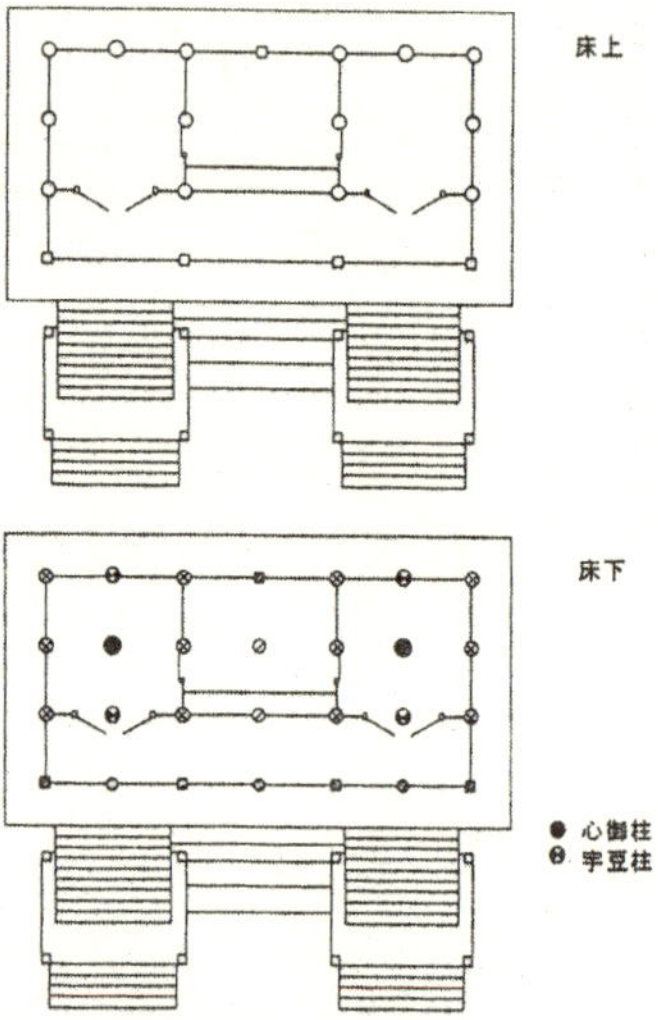

美保神社平面図

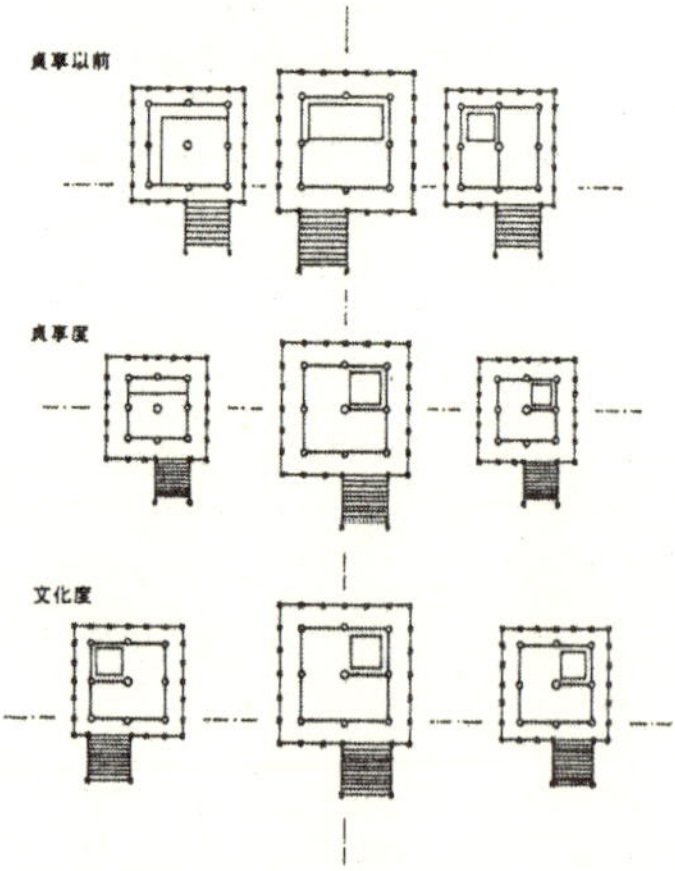

佐太神社社殿変遷図

上田正昭＋島根県古代文化センター編
『古代出雲の文化』より

地面から突っ立っているだけで、その柱を守るために、外周に八本の巨大な束ね柱（金輪で束ねた柱）の群で囲ったような形式に見える。これは、五重塔の心柱と同じようなもので、なにも支えない一本の象徴的な柱があって、その外側に籠状の柱列を構築したことを想起させる」（カッコ内は筆者の補足）といっている。(80) つまり、中心を通る心柱は構造材ではないのに格別な配慮が払われているということなのである。

出雲地方にある他の大社造りをみると、たとえば美保神社に、床下に心の御柱がある。一年ごとに神主が代わる頭屋祭祀で知られ、社殿は二棟を一基底の上に並べた大社造であるが、こうした相殿造りは果たして本来のものであったかどうかは疑問である。現在右殿に事代主命、左殿にその義母三穂津姫命を祀り、「二社大明神」ともいう。いずれにしろ、二つに分かれた社殿それぞれの床下に他の柱より太い柱がみられ、和田嘉宥《わだよしひろ》は(81)「心の御柱を意識して作ったものだと考えています。」といっている。

和田は同じく大社造りの例として佐太神社を挙げ、江戸時代の貞享《じょうきょう》年間の図面に、本殿・北殿・南殿の三殿のうち中央の本殿にきちんと心の御柱が入っているところから「まだこれは推測の域をでるものではないですけれども、心の御柱を守るもの、それが出雲大社、大社造りの大きな特徴だとおもいます。」と述べている。

さて伊勢神宮の心の御柱についてはどうか。伊勢神宮では二〇年ごとに新しい社殿に造り替え、太陽の女神・天照大神にお移り願う。新社殿床下には、心の御柱とそれを覆う覆屋が造られる。心の御柱は、正殿の御正体である八咫鏡《やたのかがみ》を真下で支える御杖となる。毎年六月と一二月の月次祭、九月の神嘗祭という神宮における年三回の重要な祭りのときだけ、斎王が参宮し天照大神の御杖代《みつえしろ》として奉仕した。

斎王は天皇の代替わりごとに、未婚の皇女の中から占いによって定められる。神の言葉を語る巫女《みこ》の性格があり、『大神宮諸雑事記』長元四（一〇三一）年六月の条には斎王の劇的な神がかりを詳しく伝える一節がある。天照大神に奉仕するための斎王宮は、今の内宮から約一三キロメートル、外宮から約九キロメートルも離れた多気《たき》の地に設置されていたが、斎王宮は斎王が伊勢に在任している時期だけに開設されたもので、掘立柱建物であった。都から派遣された斎王による奉仕以前は土豪による童女であったと考えられている。

『日本書紀』によると、垂仁二五年、倭姫命《やまとひめのみこと》が、天照大神の鎮座するところを求めて、菟田《うだ》の筱幡《ささはた》から近江・美濃を経て伊勢に至り、鎮祭されたという。

岡田荘司は伊勢の「心の御柱」は神が憑霊する依り代であり、中世の文献によれば、長さ一・五メートル、太さ一二センチほどの柱で、地中に五〇センチほど埋められ、三分の二にあたる約一メートルが地上に露出され、地表には一五センチくらいの石が積まれたという(82)。さらに中世の「心の御柱」については、山本ひろ子の考察がある(83)。

心の御柱について、川添登は『古代出雲の文化』〈(81)参照〉のシンポジウムの中で、伊勢神宮の心の御柱の実体は一本の榊の枝であり、むしろ樹木信仰で、柱という出雲の心の御柱とは違う、といっている。しかし、伊勢神宮の心の御柱は天照大神の御杖であり、依り代であるという側面からみれば、諏訪の御柱とも出雲の心の御柱とも同じ機能をもつものであることは、先に触れた通りである。

神座の向きを問う

実は、厄介なのは出雲大社の神座の向きである。神座そのものは、心の御柱で中央にあるのであるが、祭祀者が臨み拝する場所が田の字型に区切って北東隅のみ板仕切をしつらえ西に向き司祭する構造になっている。出雲大社では西、太平洋側の鹿島神宮では東に向いているところから日の出、日の入りを拝して東西に軸をとったとの大和岩雄の説もあるが、佐太神社の平面図をみると本殿・北殿・南殿とも時代により方向がまちまちである。美保神社には内部に区割そのものがない。

辰巳和弘(84)は古代の豪族居館の例を挙げ、豪族が執り行うマツリゴトの空間には外部から直線的に真直ぐ入ることができず、鉤の手に曲がらないと入れない門の構造がとられ、聖なる建物、強いてはその場所についても古代人は直視しえなかったことがその理由としている。

神籬は竹の円錐状の装置の中の小舟に乗せられている

しかし伊勢神宮内宮の「蕃塀」と呼ぶ魔よけの塀も、その名称が示すように外来の道教の影響であるし、沖縄の民家の目隠し「ヒンプン」も「石敢《いしがん》当《とう》」同様に、道教による後世の構造物である。(85)

これらはいわば恒常的に常設するものであるが、神の来臨は一時的な囲いが本来である。

佐太神社の神在祭の神送り神事が神ノ目山の山上で行われるとき、高張提灯の薄明り以外すべての灯が消され、祭員一同蹲踞《そんきょ》して神《ひも》籬《ろぎ》を囲む。そこには小枝で作られた円錐形の囲いがあり、中に池と称する小さな窪みがあり杉の木の小舟が置かれている。神籬は小舟に乗せられ、その時三羽の小鳥が水夫《かこ》となって船出する。祭主は「カコ」「カコ」「カコ」と三度小声で唱えるが、神送りの合図である。

有名な奈良市春日神社の若宮御祭においては、宵宮の神迎えは漆黒の闇も中で行われる。まず先導する御火が行き、細く長く撒き敷かれた火の粉の上をナギの木の小枝に囲まれた若宮の御神体を、採物の榊を持った神職たちが人垣をつくって、おぼろに白い一群となって、お旅所へ向かう。

出雲大社で迎えた神

出雲大社の神座の板囲いは、辰巳のいうように、神事を行う場を守ることにあり、それは豪族居館の構造に繋がるという説は疑問である。神座を囲うことと共に神座にどのような神を迎え祀ろうとしていたかが重要である。第八二代「国造」の宮司・千家尊統《せんげたかむね》の著した『出雲大社』(86)では大社の神座の向きが西向きであるのは、大社の西、稲佐の浜に寄ってくる大社の神在祭の龍蛇さまと無関係ではなかろうといっている。このことはすでに論じた第二章の日神のテーマとも関係する。

『古事記』(上巻)に大国主神の国作りの段がある。大国主が少名毘古那《すくなびこな》に「どの神が私と共によくこの国を作ることができるのだろうか」と問うた時、海面を光り輝かせて近づいて来る神が居た(海を光《てら》して依り来る神有り)。その神がいうには「私を良く祭るなら、私があなたと共にうまく国をつくることができる」と答えた。大国主が「それならば、あなたをどのように祭ったらいいのか」と問うた。答えて言うには「吾《あれ》をば、倭《やまと》の青垣の東の山の上にいつき奉《まつ》れ」といい「此《これ》は、御諸山《みもろやま》の上に坐《いま》す神ぞ」と。『日本書紀』(巻第一・神代上)では「吾は日本国の三諸山に住らむと欲ふ」とあり、大己貴神《おおなむちのかみ》（大国主神）は「宮を彼処《そこ》に営《つく》り、就《ゆ》きて居《ま》しまさしむ。此大輪《おおみわ》の神なり」とある。

『日本書紀』（巻第二・神代下）では、この時高皇産霊尊《たかみむすびのみこと》が、現世（顕露之事《あらわなること》）の政事は我が皇孫が治めるから、お前（大己貴神）は幽界（神事《かくれたること》）をお治めよと、「又汝が住むべき天日隅宮《あめのひすみのみや》は、今供造《つく》らむ」と「天日隅宮」を造営して与えたという。そして「又汝が往来《かよ》ひて海に遊ぶ具《そなえ》の為に、高橋《たかはし》・浮橋《うきはし》と天鳥船《あまのとりぶね》も供造らむ」といい、さらに「汝が祭祀《まつり》を主《つかさど》らむ者《かみ》は、天穂日命《あめのほひこのみこと》是《これ》なり」と祭りをつかさどる神の名まで指定している。

天日隅宮は「柱は高く太く、板は広く厚く」「高橋」を設えた出雲大社のことであり、その造営は大和政権側が国譲りの代償として大国主のために造営したものと考えられている。出雲大社の祭祀は出雲国造が行っていた。『古事記』（上巻）では大国主が服従の意を表すために、出雲の多芸志の小浜に、天の住居のように「底津石根《そこついわね》に宮柱ふとしり」（大磐石の上に宮柱を太く立て）、天津日継《あまつひつぎ》の天つ神のため殿舎を造ったのであると記している。

このような出雲大社造立の経緯のはしばしから読み取れることは、海を光らして依り来る神・日神であり、東の山の上にいつき奉った大輪の神・日神であり、大和王権の神・日神である。「天日隅宮」の名には西に沈む太陽神を祀る社の面影がある。底津石根に太く立てられた宮柱が出雲大社を象徴しており、日神は柱の頂に依り憑いたのである。

カミとホトケのつきあい方

日本も神社の柱が掘立柱であるのは、樹木崇拝へのこだわりである。もし神社の起源が人間の住居をなぞった神のすまいにあるのならばなぜ礎石を置かないのか。実は日本の仏像にも初期の頃、一木造の木彫がある。素木《しらき》のままの美しさを生かす無彩色像で、八世紀末から九世紀にかけて起こった「貞観仏」がこれである。鋭く深い彫り、量感、神秘的な迫力の背後に日本古来の樹木崇拝がある。仏像の中にも、日本的なものの突出がある。仏教伽藍の塔はもともと仏舎利を納めるところであるが、古い塔は中心の柱・心柱をたてる礎石があり、この心礎の石の横に孔を掘って舎利を納めた。しかし、伝来した中国の塔には心柱がない。ただ日本の塔の心柱には、上田篤によると、(87)建物の構造とは無関係に、ときには、空中から吊られているものもある。さらに中国の仏塔が、「楼閣建築と同様に一種の展望台」であるのに対し「日本の仏塔は、ほとんど内部階段をもたない」という。このことは、出雲大社の「心御柱」の本質を考察する上でも面白い資料を提示している。人が登るための階段を必要とする「祭殿」であるよりも、目にみえぬカミが昇降する「御柱」にこそ、ヤシロの起源を読みとるべきであろう。

日本の神社の成立に仏教の影響があったことは確かであるが、日本的特性までが損なわれることはない。木彫像にしても、江戸時代の木喰や円空のような修験の徒が鉈彫り像を刻み、霊木信仰をよみがえらせたりしている。「心御柱」には中心のシンボリズムという深く重い意味がある。

第六章

世界の中心をめぐり、旋舞する

モノの周りを廻ると、モノにカミが憑いた。
モノは自然物・人工物を問わず、ときにヒトでもあった。
めぐりの呪術は、天体の運行をなぞることにはじまる。
神がかりとはヒト自体の激しい旋舞をいう。

魂消る世界を知る

タマゲルという言葉がある。漢字で「魂消る」と書いて、一時的にタマ（魂）が脱出することを意味する。タマヨリヒメが、タマが憑りついた女性であると解されるように、人はタマをカラダに入れてはじめて人としてこの世に存在できる。タマのぬけ出たカラダはヌケガラ、あるいはナキガラである。

そこで、人が生きつづけるためには、タマをしっかりと体内に鎮めつづけ、不安定な霊魂を呪縛しておかなければならない。これが〝鎮魂〟という、神楽にとって最大の目的である。神楽とは悪霊や御霊の慰霊にあるとする見方がある。しかし悪霊や御霊は夭折死者の霊であり、本来は天寿を全うした者に対し、あるいは全うさせるために施す儀礼＝鎮魂こそが第一義の神楽の目的でなければならない。タマは丸いもので、どこからか飛来し、またどこかへ飛び去ると考えていたらしい。タマはエネルギー源でもある。人が死ねば、冷たくなる。力《ちから》がなくなる。だからタマは火のようなものとも考えられる。タマを燃えさせつづけるためには、食べ物を食べつづける必要がある。人が生きる「時間」は、食べ物が支えている。だから食べ物が尽きたとき、それは「時間の死」を意味する。

以上が、タマに対する日本人の基本的な考え方で、これは東アジアや東南アジアとほぼ共通する。日本では生者の霊だけでなく、死者の霊をも食物によって精気づけようとする。ふつう和《なご》やかな先祖霊をミタマといい、新仏の霊をアラミタマという。生者の霊魂はタマヒイとかイキミタマといって死者の霊魂とはよび方を区別しているのが一般である。

ところで、万物有霊のアニミズム世界では、人間に限らず動植物、天然現象に至るまで、タマがあった。ヒトダマ、イナダマ（稲魂）、コダマ（木魂）、タマカゼ（魂を運ぶ霊風）、大国魂（国の魂）、コトダマ（言葉の魂）といった類いである。具体的に実年代を遡って縄文人の霊魂観をたぐってみよう。霊魂がどこからやってきたのか、まずは人の遺骸をどうあつかったかをみることでこの世とあの世をどう分別し、どんな世界像を抱いていたのかを考えてみる必要がある。

日本の古代、及び伝承的民俗世界においては、中国古代を含めて、カミやオニの立ち上りが、この世という空間を離れたあの世という死後の時間の世界、つまり他界と不可分にかかわりあっている。あの世とこの世と二つの世界があって、はじめて一つの世界としてまとまることを知らねばならない。時間軸と空間軸を織り混ぜながら、あの世とカミ・悪霊とのかかわり、ことにあの世の豊穣、あの世の理想郷を訪ねる必要がある。

耳飾りはタマ結い

そこで、まず縄文人の首飾り・耳飾り・腕飾りについて一言。日本人の精神史の立ち上りは、

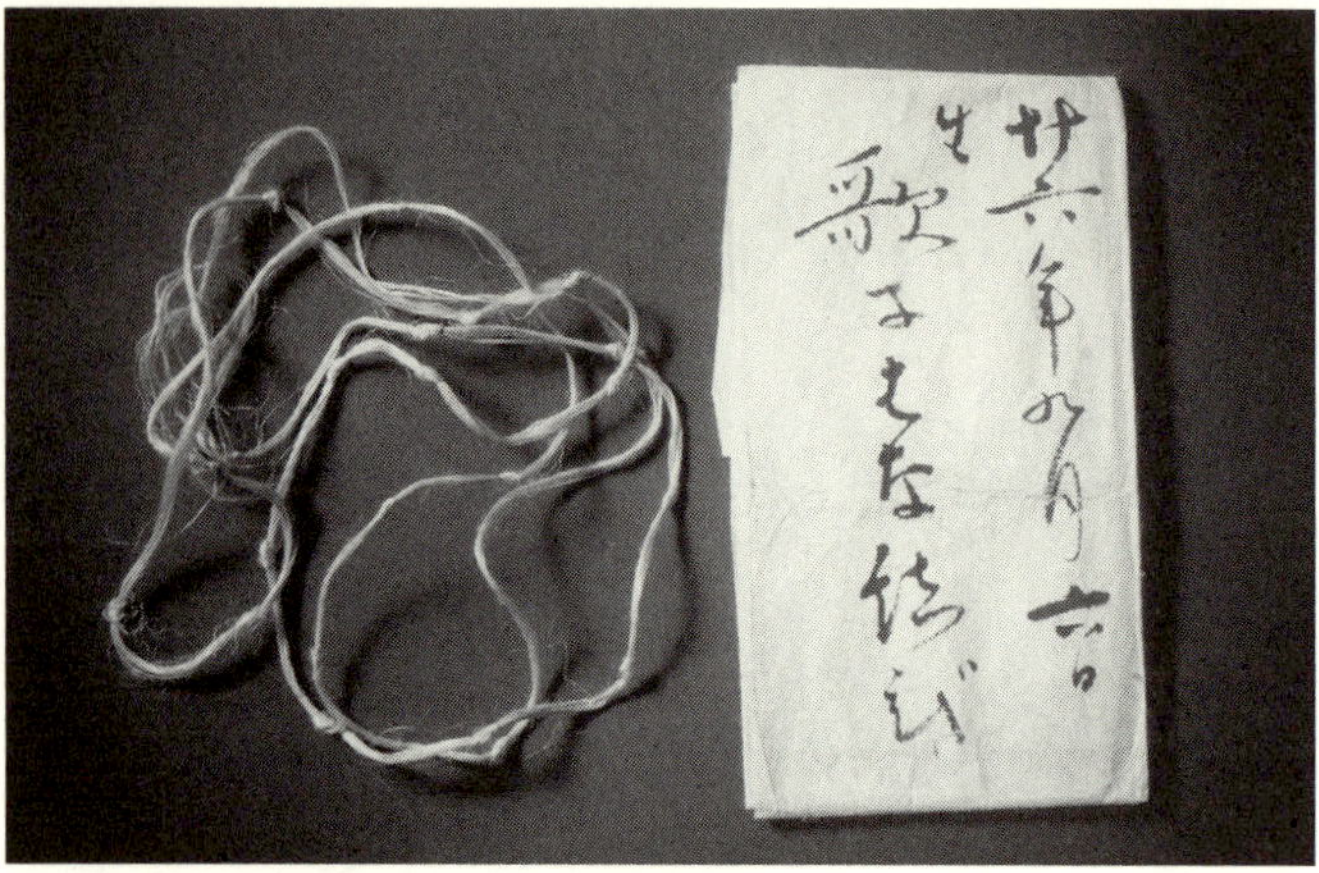

新生児がくしゃみをするたびにその数だけ糸を結んだ。この風習は明治になっても行われた（中村義雄『魔よけとまじない』注23より）

この「装飾品」にあるといえば大仰《おおぎょう》に聞こえるだろうか。これらの「装飾品」は縄文文化を論じたいくつもの著書が指摘しているようなおしゃれのためでも美への渇望でもない。日本精神史の根幹に流れつづけた「タマ結い」なのである。タマ結い・タマ結びとは、タマを結びとめ魂の脱出を防ぐ呪縛であり、装飾目的とはほど遠い。いずれは装飾化の道をたどるとはいえ「タマ結び」の文化は古代エーゲ海文明はじめ世界的広がりを持つ古層の呪術として認められている。(88)

縄文時代早期末葉から前期にかけて流行した玦《けつ》状耳飾りについては、第三章でもふれたように大陸伝来説が有力である。

現行の民俗事例として東アジアから東南アジアにかけての習俗に、耳飾り・首飾り・腕輪などの装身具があり、少数民族のみならず漢民族も、これらの装身具が人生儀礼の節々で重要な役を担っている。たとえば、ミャオ族で、腕輪を紛失したり、ミャオ語でダ・ヒユ（落とす魂）といわれる魂消た状態になったとき、シャーマンにより招魂儀礼が行われる。腕輪をシュ・シャ（輪・護る）といい、魂の遊離を防ぐには、腕・脚・胴体・首のような身体の節々や耳、鼻など出口の開いている個所に閂《かんぬき》をかける。これを「護命輪」ともいう。

わが国の民俗でいえば、背守り・鼻結び・エリカケ餅などであり、奄美大島ではアラセツに子どもの首・手首・足首に桑の皮を巻く。茅《ち》の輪《わ》も同じ意図に根ざす民俗である。沖縄でも子どもが恐れや不安のあまりマグイ（魂）を落としたら、年の数だけ結び目をつくった麻糸の輪を首に掛けてやるなどのことをする。茅・麻・ワラなどの材質は考古学上の遺物として残ることはまずない。

採り物とご幣の起源

神楽は死霊や悪霊とかかわり、死者供養の神楽もある。御霊信仰が顕著になるのは都市の発達以後のことであり、死霊供養を平安時代、さらに鎌倉時代以後のこととととらえる傾向にある。しかし、神楽の目的が本来の鎮魂であるならば、その原型を古代の祭りに求めるだけでなく、朝鮮半島から中国大陸へと淵源させて考えてみる必要がある。

ところで神楽の語源が「神座《かむくら》」にあり、神の宿る場所＝神座を前に、神座を依り代に来臨した神を前にする歌舞が神楽にほかならない。神座なしに神楽を語ることはできない。その「神座」や「歌舞」そのものにわたしは脈々と文化の遺伝子が流れつづけていると考えている。

本田安次は『江家次第』に、園并韓神祭の折に神部《かんべ》四人が神宝を持って舞った記録を最も古い採物舞としている。採物は、本来、神の来臨する場所、すなわち神座としての意味をもち、森の代用としての木（榊・茅・笹など、手草といわれるもの）から、ひさご・幣・弓・剣などに及んでいる。先の神部四人が持った神宝とは、鉾・弓矢・剣・それに榊、もしくは幣束であった。これらの採物を手に舞う採物舞が神楽の基本型であり、目的は神招きと清め祓いにあり、採物舞の歌には、採物の出自やその貴さをほめたたえる歌が多い。

弥生時代の祭器としての武具は、いわば〝神宝〟と称すべき実用性にほど遠いもので、木製の剣もかなり出土している。

佐賀県吉野ヶ里遺跡に近い川寄吉原遺跡から出土した銅鐸形土製品には、頭に鳥の羽根をつけ、片手に盾、片手に戈をもつシャーマンと思えるものの姿が表現されている。山口大学の近藤喬一は「儀礼を主催するシャーマンはシンボルとして鳥の羽根を頭につけるなど鳥装をし、片手に武器、片手に盾をもち銅鐸の音にあわせて、大地霊・穀霊・祖霊を祈り、鎮めたのだろう」といっている。[89]この見解は、中国江南の少数民族の儀礼から推してわたしも支持できる。

ミャオ族は鳥装して春社・秋社の儀礼を行い、さらにミャオ族の巫者は、チガヤを手に採って祭祀を行うが、わが国でも鹿児島から奄美、沖縄にかけてチガヤやススキ（チガヤと同じイネ科）が神事の重要な呪具となり、手草や採物として用いられている。

柳田国男は「片葉葦考」[90]の中で、諸国の伝説で片葉の芦《あし》（葉が茎の一方に片寄っている）が奇《き》瑞《ずい》をあらわすことについて、「片葉のカタは諸葉のモロすなわち二つということに対する一つを意味する語で、ただに神の奇瑞というだけでなく、直接に神の出現を意味する神聖なる物体であったらしいのである」といい、芦（葦《あし》、葭《よし》）、萱、薄《すすき》、一つ物と称する茅などをあげ、「これらはいずれも蘆や薄の一本に神が託して往来すると信じた例で、手草の起源もこのほかにはあるまいと思う」と述べている。

曾根天満宮秋祭りのヒトツモノ（兵庫県高砂市）

『日本書紀』は、天地開闢に芽生えた葦牙である原初の植物を「一物《ひとつのもの》」とも書く。あらゆる生命の根源であり、陰陽分かれざる以前のヒトツものであろう。祭りの渡御の行列の中で馬上に乗る依坐をもヒトツモノと称し、稚児や人形である場合もあり、腰に萱の穂やチガヤを挿したり、綾笠《あやい》に山鳥の尾を挿したりする。この物を持って神の依坐としたのは、ヒトツモノとは一つしかない神聖なものという意味であったからにちがいない。

近頃は〝文献史学〟を民俗学の切り口に求める傾向にある。中世の資料に出てくるオハケ（御幣）は清掃用のハケにもとづく単なる標識であって依り代という神籬的な意味はみい出せないとする。(91) しかし神の占有する標識こそ依り代の原点なのである。

ご幣やオハケの起源を追求するとき、本田安次が〝神宝〟という同じ機能をもった各種の採物を掲げその中に幣束の一つを置き、それぞれが同一の目的であるとしたことは、ご幣一つをつまみ出して追求することの愚かしさを教えている。

さらに、『古事記』ではアメノウズメが天岩屋《あめのいわや》の前で、天香山《あめのかぐやま》の小竹葉《ささば》を採り物として神がかりしている。『日本書紀』では「小竹葉」が「茅纏《ちまき》の矟《ほこ》」に変わり、『古語拾遺』ではこれが鐸（大きな鈴）をつけた矛となっている。小竹葉とチガヤをまきつけた矟も、チガヤと同じ機能をもち、採り物であると同時に神の依り代を兼ねている。チガヤは葉先が鋭く、剣や矛として魔を祓う。アメノウズメの舞は巫女舞であり、神楽の基本形としての採り物舞である。現行の民俗事例としては、奄美の加計呂麻《かけろま》島の神迎えで神人《しんじん》がススキを、沖縄・久高《くだか》島では神女が青茅の束を持つ。

ところで先に述べたように中国の〝社〟の起源は、茅を束ねた〝束茅〟にある。司馬遷の『史記』によると、今の山東省にあたる斉《せい》国の桓公三十（前六五六）年、宰相・管仲が楚国に対して「爾《なんじ》の貢《こう》する苞茅《ほうぼうい》入らず、王の祭供《そな》わらず。以って酒を縮《したた》らすこと無し」と、楚の貢物である茅が入らないため、王の神祭に差し支えが出て、大地に茅を挿して酒を茅にしたたらせ大地の祖霊に供することができないと楚を責め、これを理由に戦をしかけるぞと脅している。それほど南の楚国の茅は、茅の生育しない北方においても神祭に欠かせないものだった。

さらに、中国の採物の起源もまたチガヤにあった。『周礼《しゅうらい》』春官男巫の条には、「男巫。望祀、望衍《えん》、授号を掌り、旁招するに茅を以てす」とあり、男巫は茅をもって四方の神の名を招いて祭ったとある。

つまり、ご幣の起源の初発の神話的段階は宇宙の中心を意味する原初の植物チガヤにある。チガヤは標縄として神聖な場所を区切って他と遮断し、ある広がりを持つ聖域を守る機能を持つ。

ご幣は宇宙観の表象

ご幣は原初の植物という神話的段階から神事用の〝幣帛〟という役割にすすむ。神の依代であるとともに神への奉納物の意味を兼ねるようになる。熊本県球磨郡水上村の山の神は殖産的な夫婦神であるが、小祠の中のワラの産褥《さんじょく》にヒトガタ風の赤子を入れ、夫婦も白紙の神衣を着せられていた（41頁写真）。宮崎県椎葉村のモリサマはヒトガタを中心にした輪ジメであり、大分県国東半島の国見村小熊毛にみる〝山人〟の行事（日吉神社アキマツリ）では山の神の小祠にて山の神の御衣《みきん》（ご幣状の神衣）を着せかえる。

本田安次は「柱松から布舞へ」という論文(92)で、

太古にあっても、布は神祭りには必須のものであった。にぎて、ぬさ、木綿《ユウ》あるいは絁《アシギヌ》、縑《カトリ》、倭文《シトリ》、栲《タエ》など、必ず神前に供えられた。（中略）なぜ布を供物の第一にしたのであろうか。布を招代、依代としたわけは？　そもそも機を織ることが神聖な業とされてきた所以は明らかであると思うが、さてその織られた布の着物を我々は身に着けるのである。

といっている。けだし至言で、後述するごとくアマテラスは機を織ることで宇宙の秩序を織りなし天地創世の偉業を成し遂げたのである。アマテラスは宇宙の中軸を主管する巫者である。つまり、幣帛とても単なる神への奉納物ではなかったといってよい。

天岩戸神話の中で、天の香具山の真賢木《まさかき》を立て、下枝《しずえ》に白和幣《しらにぎて》青和幣《あおにぎて》を取り垂《し》でてお祭りしたという。白和幣は木綿《ゆふ》であり、青和幣は麻であって、紙もまた本来木綿と同じ原料である栲や楮の樹皮から作ったものである。神に奉るこのようなものを古語で幣《ぬさ》という。

ここにいかにも中世荘園生活らしいものを具えた祭りがある。宮座組織の中での幣の用例をよく反映している。紹介しておくのも意義があると考える。滋賀県近江八幡周辺では、今でこそ琵琶湖の水を利用するなどして、用水に関して村々が争うことはないが、かつては水争いが頻発して「水軍《みずいくさ》」とよばれた。馬淵《まぶち》町岩倉にある諏訪神社の社殿の扉裏には用水路の契約文が記されている。馬淵荘は西村・南村・上村・千僧供《せんぞく》村の四ヵ村で構成され、宮座組織による四ヵ村の祭りが行われてきた。

馬淵の祭りは毎年五月一日から四日まで行われるが、田楽を含み中世的宮座として知られる。二日の早朝、馬見岡神社で神前の儀がある。笹踊りという囃しに続き、日鉾《ひほこ》といわれる大幣が各村ごとにまわされる。この日鉾は支柱のまわりを回転できるようにしてある。各自の幣杖で、この日鉾は突き壊される。太陽をかたどる輪を突きこわす祭りとしては、三重県鳥羽市神島のゲーター祭りがことに有名であるが、共に中国の羿の射日神話を思わせる行事である。日・月の鉾の行事そのものは、隠岐の日月陰陽和合祭・美保神社の青柴垣神事ほか勿来田楽など田楽系の祭りにふんだんにみられる。

馬見岡神社の日鉾

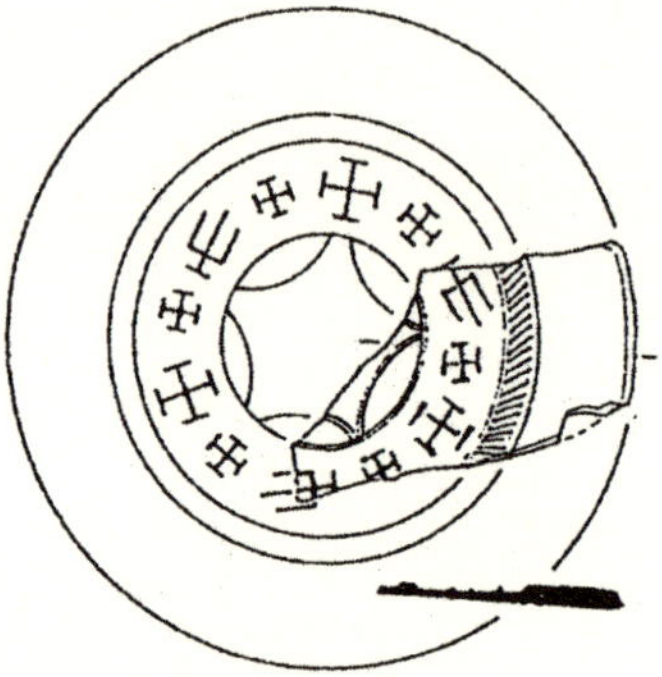

「⿻工工」字小形仿製鏡（弥生時代）[注94]

『説文』に「巫は祝《はふり》なり。女の能《よ》く無形に事《つか》へ、舞を以て神を降《くだ》すものなり」といい、その字形について、両袖をもって舞う形であるといっている。また巫を⿻工工という形に書くこともあり、これは糸巻きをあらわす工を二つ組み合わせた形で枠《かせ》（紡績具）を意味する。[93] つまり⿻工工は、神衣を織って神を迎えるだけでなく宇宙や世界の秩序を新しく織りなす意図に出た呪具でもあるという。また『説文』によると「孁、巫也、玉を以て神に事《つか》ふ」と記し、その注に「孁、女字也」とあることから「孁」は女巫であり、「大日孁尊《アマテラス》」とは大いなる日神をまつる尊い巫女となる。アマテラスの出発は祀られる神ではなく祀る巫女であったとする説がいくつか出されているのはこのためである。

鏡もまた太陽

東アジアのシャーマニズムの系譜をたどる上で欠かせないものに鏡がある。日本では弥生時代中期に中国鏡が伝来、その鏡には道教思想の影響で神仙像や四神が彫られ、あるいは『楚辞』の文句や「見日之光天下大明」（日の光を見れば天下おおいに明らかなり）といった銘文が刻まれていて、鏡を太陽と考えていたことがわかる。『日本書紀』では、イザナキが左手にもった白銅鏡から大日孁尊《アマテラス》が生まれ、天孫降臨に際して、アマテラスは天忍穂耳尊に宝鏡を授け「私と思ってこの鏡をまつれ」といっている。わが国の銅鐸圏の祭祀に用いられたと考えられているのが「十」字小形仿製鏡である。(95) 弥生時代の国産品で小型の鏡（最大で八・四センチメートル）に「十」の文字が鋳造されており、巫が帯びるシンボルであったろうという。つまりわが国へのシャーマニズム伝来当初からシャーマニズムの中枢に鏡が重要な要素としてあったことが認められる。このことはわが国のシャーマニズムの淵源が鏡の伝来一つとってみても中国と関係することを予想させる。一般にシャーマンとはツングース語のサマン（samay）に由来し、東北アジアにその典型がみられるとされている。しかしシャーマンの数々の要素（宇宙樹・巫女舞・鏡・射日神話など）から推して、わたしの考え方のようにシャーマンの起源を江南に置くほうがむしろ整合性があると思っている。

旋舞はシャーマンの身体技法

つぎに、シャーマンが脱魂に至る過程での旋舞の重要性について記しておこう。東北アジアのツングース系シャーマンについては拙著『神樹』で詳しく述べた。エリアーデは大著『シャーマニズム』でシャーマニズムの基本はツングース系シャーマンにみられる脱魂型としたが、それは

1月8日の御斎（おさい）神社祭の巫女舞は祠の前で舞われる（東京都三宅島）

大きな誤りである。はじめ憑依したシャーマンは、ゆるやかな旋舞から急激な旋舞に入って、エクスタシーに達し、跳躍し失心して脱魂するのである。事例によっては右旋左旋がはっきりせず、右左どちらか一方であったり、旋舞がゆるやかに過ぎたものがあったりしたが、それは年老いて体力が衰えているためで、例外はないのだと当地の研究者たちは強調していた。勢いをつけて回る以上、回り返すにはかなりのエネルギーがいるということのようだ。

つまり右旋左旋の旋舞は、神がかりの手段としてはかなり人為的な様式化がはかられていると認めざるを得ない。実は韓国の降神巫である北部のムーダンも、世襲巫である南部のシンバンおよびタンゴルも、その憑依のテクニックは歌舞によっている。しかも神を憑依させるための舞踊の身体技法はその場で右回り（時計方向で、日本の巫女舞では順という）、左回り（巫女舞では逆という）をくりかえす旋舞によっている。これは調査した数多くの事例と同じで、シャーマンのエクスタシーは各民族例外なく、同じ場所で順逆に右旋左旋をくりかえすことによってもたらされた。

本田安次は芸能の本源的段階に巫女舞を置く。

日本の巫女舞はその場で順逆に回って回り返すことを基本としている。こうして旋舞の激しさを増すうちに、やがて神がかり、跳躍するに至り、神託を下す。神がかりの過程を意識して真似たところに、舞い（マワルことが語源）と踊り（跳躍を主とする）は起源したと考えられる。折

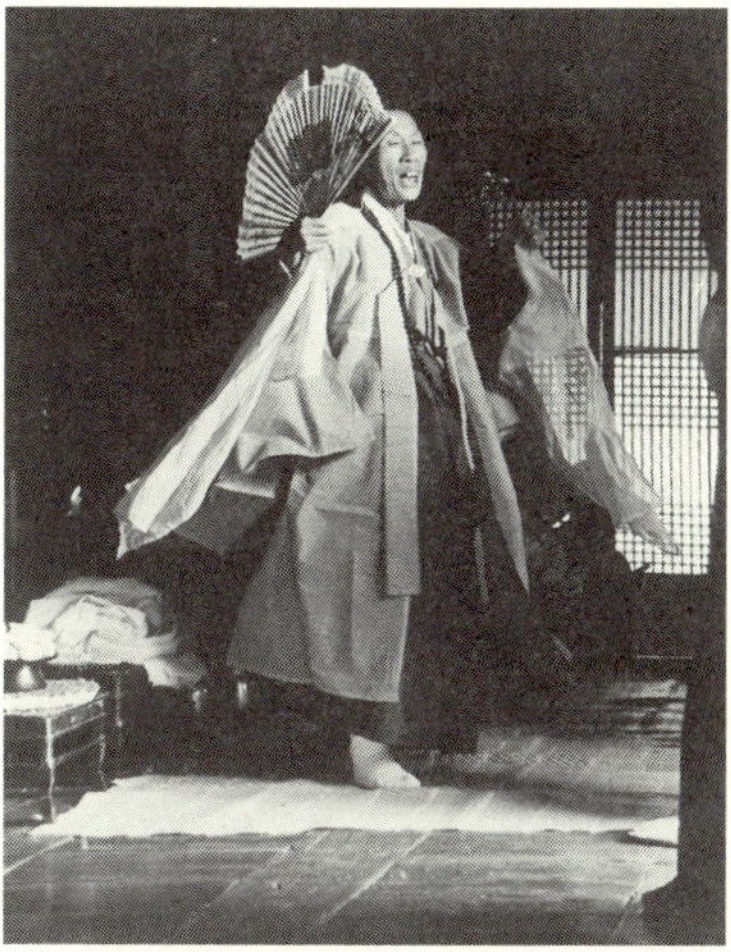

▲ムーダンの祖先グォリでは鈴と扇を手に旋舞する（ソウル市仁旺山　国師堂）

▼エヴェンキ族の旋舞
片面太鼓を叩き背の銅鏡を鳴らす

口信夫は「をどりは飛び上がる動作で、まひは旋回運動である」「まひの動作の極めて早いのがくるふである」といっている。狂うとは、神がかる意である。神がかりを目的とするだけなら、わざわざ回って回り返す必要はなく、ぐるぐる一方方向に回ったほうが早道であるが、なぜ順逆に回るのか。

この旋舞の法則は、何らかの系統関係を示すものではなかろうか。中国の巫覡の舞の基本とされる〝八卦舞譜〟によると、「陰陽を以て綱紀（重要な規律）と為す」とあって、舞踊の動作のなかに〝左旋〟〝右盤（盤＝ぐるぐる回る）〟を数えている。それは天地がいまだ分かれざる以前の混然一体の姿をあらわし、白を陽、黒を陰として太極図の「陽中に陰、陰中に陽あり」の形となるという。

中国東北部のシャーマンに中核的な特徴をみせた巫舞のなかの旋舞の法則も、韓国の旋舞、あるいは日本の神楽の順逆順の巫女舞の法則も、すべて淵源を〝八卦舞譜〟に象徴される道教的法則を手本としているのではないかとわたしは推測する。さらに、エヴェンキ族によると、シャーマンの旋舞の目的は、右旋左旋とうず巻く形で、宇宙の始まりである混沌の世界に入るためという。こうした伝承こそ、むしろ道教以前のものといっていい。つまり、シャーマンは天地創世の始原の世界に身を置くために舞踊を行うのである。

順逆に回って回り返す舞は、古い巫女舞の基本であるが、神楽の中でも、山陽山陰の古い様式の神楽である「将軍」といわれる曲目などは、まったく型通りに激しい順逆の舞をくりかえし、ときには神託を下すものがある。

弓舞と奉射と射日

二〇〇六年一一月に日本青年館で行われた第六十五回全国民俗芸能大会には「将軍舞」の伝承で知られた広島市沼田町の阿刀神楽と廿日《はつか》市市《いちし》原《はら》の伊勢神社神楽が出演した。阿刀の天台将軍では三五分にわたる「弓舞」がクライマックスで、最終段階で神がかる。弓を受け取った将軍は飛び跳ね、弓を回し、弓を立てて旋舞し（これを「荷車をとる」という）、鈴を激しく打ち鳴らし舞い続ける。やがて腰抱え役に促され「木の謂《いわれ》」「天台将軍の謂」「弓の謂」を語る。これらの謂は不明な点が多く、その内容については次に記す鹿児島入来町の将軍祭文を参照されたいが、こ

神がかった弓将軍は腰だきに囲まれ弓と烏帽子姿の頭部のみのぞく

れすらも中国の射日神話の知識がなければ理解しがたい。民俗芸能大会での解説[96]（三村泰臣）によれば射日神話とは無縁の「将軍舞は基本的に悪霊に関わる神楽」ということになる。弓を持って悪魔の侵入を防ぐという解釈である。現行の日本の神楽や弓神事からみれば悪霊祓いこそ基本と考えるのもやむを得ないことかもしれない。

ところが、むしろ国外からの研究者に弓のもつ霊力に正当な評価を下しているものが多い。たとえばマルセル・グラネ[97]であり、C・ブラッカーの『あずさ弓』[98]などもその好例である。たとえば、古代の巫女の外見に関する情報として、埴輪の像にみられる巫女の衣装が、平たい帽子、宝石、帯、鈴のついた鏡だけでなく、弓、矢筒、腕や髪に巻きつけた神秘的な玉の紐飾りがある。これにダブらせるイメージとして『古事記』の天照大神の怒りにふれ須佐之男命が昇天するくだりの天照大神の姿を示す。女神が髪を蔓で一束にまとめ、腕と髪に長い勾玉の紐飾りを巻きつけ、背中と胸に矢で一杯の矢筒を持ち、弓を打ち振り、怒って叫び、大地を踏み鳴らしたと書かれた描写である。これを実際には女神に「憑かれた」霊媒が、神の憑依によって激情の発作を起こしているともブラッカーは読み取る。神楽の神がかりにおける弓矢の意味をどう読むか。ブラッカーは死霊や神霊を招く弓は採物であり、「彼女が踊る時に「手の持つ」ものであり、それは神がそれにそって彼女の身体に入ることができるようにするための誘導体として役立っていた。」と解するのである。天台将軍の弓も単なる悪魔祓いで片付けてはならない。

年はじめのオビシャは太陽鳥である三足鳥を的に射る

そして、重要なのは九州南部、鹿児島県入来町で、渡辺伸夫が発見した将軍祭文である。入来神舞《かんめ》（神楽のこと）に残る記録で、天大将軍のいわれが記されている。それによると、岩屋の中の池に島があり、三千世界に影を落とす巨木が立つ。巨木には太陽や月や星が、羽を休めていて、根方に天大将軍や中大将軍、地大将軍をまつっている。さらに天大将軍の奉射の的は巨大な鬼の目の一つを的としたもので、片方の目は鏡となったという。あるいは左の目を日とし、右の目を月としたともいう。また異筆の将軍祭文では、八人張りの強弓を手に、将軍が鬼神八人に立ち向かったとある。文脈に混乱はあるものの、将軍は弓の名人であり、朝鮮の創世神話で弓の名人として宇宙樹の下に立った朱蒙や、中国の羿に比すべき、「射日神話」の英雄であることにちがいない。

東アジアの古代では、大地は動かず天が動く、いわゆる〝天動説〟に等しいものであった。太陽や月・星は、地中に住み地中から巨木である宇宙樹を伝わってつぎつぎに天空に放たれていたと考えられていた。この巨木の根方で、日月星辰の出し入れを調節し天然現象を主管していたのが、〝巫〟であり、〝弓将軍〟であった。太陽や月は無秩序に二個以上、多数出現することもあり、射日、射月を行い宇宙の秩序を整えていた。弓将軍の矢はグラネも指摘したように「奉射《ブシャ》」、つまり射を奉る奉納の矢であるばかりか、日月の運行を正常にするきわめて重要な役割を担っていたのである。利根県流域に分布するオビシャも根源はここにある。

〝離魂病〟をどう防ぐ

神楽とは、神座を前にしての祭りそのもの、祈祷、歌舞をいう。その祭りの中核をなすのは霊魂の祭儀である。その霊魂を神楽はどうしようというのだろう。神楽の目的はタマフリ、タマシズメにあるという。それは霊魂を招くのか祓うのか。タマフリとて、魂を付着させるのか、振り動かすのか、増殖させるのか。タマフリとタマシズメはちがうのか、同じことなのか。魂は体内に外からやってくるのか、生まれる前から内在するのか。これらの設問に、どう答えたらよいのか。多くの研究者が実にまちまちの回答を出している。

ここに平安貴族の日常生活を直接知ることのできる貴族の日記がある。日記は当時の霊魂観を如実に伝えており、平安人の生身の姿を映し出している。

たとえば、拙著『鬼の復権』でも取り上げた『権記』である。『権記』を残した藤原行成は、能書家で、三蹟の一人として著名である。寛仁四年（一〇二〇）には権《ごん》大納言にまでのぼりつめている。寛弘八年（一〇一一）七月八日の条によると、一条天皇葬送の折、葬列が出た後で、しばらくして殿の上から人魂が出て、戌亥（西北）の隅に向かって飛び去った、とある。

平安貴族の葬送儀礼は前章でも触れた中国古代のそれ（『礼記』檀弓）に似る。殷代では、まず尸《かたしろ》となる祖先の霊の憑坐《よりまし》に神饌を供し、死者の寝ている屋の戌亥の扉《くらがり》の板をはぎ取って、死者の霊魂を呼び戻すための復を行った。ここでも戌亥が死霊の去来する通路となっている。

わが国でも戌亥は古来より祖霊があの世の鬼籍をいっとき抜け出てこの世に来訪する方位である。夭折死者である悪鬼は祀り手もなくこの世の「異界」をさまようが、天寿を全うした死霊（祖霊＝善鬼）はあの世に安住する。鬼も後世、戌亥を捨てて陰陽道が八卦で大凶とした丑寅（東北）を「鬼門」と定め、丑の角と寅の皮の褌《ふんどし》の悪鬼どもが暗躍し、鬼役として幅を利《き》かせ、本来の善鬼＝祖霊は忘却され、民俗学でも鬼の本質を見誤って憚ることがない。

つまり、死後、魂は身体から抜け出ている。実際は魂が離れ去ったことが死の直接の原因であり、死んだ結果、魂が離れたのではないことが別の資料から読み取れるのである。

神奈川大学常民文化研究所の繁田信一によると、(99) 阿部清明の著《あらわ》した『占事略決《せんじりゃくけつ》』にみる限り、平安時代中期の陰陽師が対処した病気のほとんどは「もののけ」と呼ばれた神仏や霊鬼といった霊物《れいぶつ》の起こす霊障《れいしょう》であった。病気の九割近くが「呪詛」を含めて「もののけ」の類で、ほかに「風病」（中枢性・末梢神経系疾患と考えられている）や「御膳《ごぜん》の誤《あやま》りの上の事」といった食中毒や消化不良などの「普通の病気」がある。

肝要なのは、どのような病気であろうとも、病因のいかんを問わず、平安貴族にとって、病気になるということは、身体から霊魂が離れ始めることを意味していたし、死ぬということは、身体から霊魂が抜け出てしまうことを意味したという。以下繁田が掲げる事例がそのことを証明している。

まずは『小右記《しょうゆうき》』から。これは藤原実資《さねすけ》（九五七〜一〇四六）の日記で、万寿二年八月七日の条に、

昨夜、風雨の間、陰陽師恒盛《つねもり》、右衛門尉《えもんじょう》惟孝《ただたか》の東対《ひがしのたい》尚侍の対する所の上に昇りて魂呼す。近代は聞かざる事也。

とあって、中原恒盛が死者の横たわる家屋の屋根に上り、「魂呼《たまよばい》」と呼ばれる近頃はあまり行われなくなった呪術を施したという。魂呼は「魂喚」ともいわれる。

次に引く『左経記《さけいき》』は源経頼《つねより》（九八五〜一〇三九）の日記で、経頼の叔母は藤原道長の正妻・源倫子である。万寿二年八月二十三日の条に、

陰陽師常守の来たり向かひて云ふやう、

「去《さんぬ》る五日の夜、尚侍殿の薨《こう》ずるの時、播磨守泰通朝臣《はりまのかみやすみちあそん》の仰せに依《よ》りて、上東門院の東対の上にて、尚侍殿の御衣《おんぞ》を以て、魂喚を修す。（中略）」てへり。（中略）。或《ある》書の云はく、「屋の東方より堂の亡者の上に上り、其の衣を以て、此の方に向かひて三度麻祢久《まねく》なり（其の詞に云はく、『其姓其の魂、復礼』と。字（あざな）を喚ぶべしと云々）畢《お》はらば西北の角より下ると云々」と。

ここでは先の恒盛を常守と記す。魂喚は、屋根の上で死者の衣裳を振って「朝祢久」という動作をくりかえしながら「其《なにがし》姓の其の魂、復礼《もどれ》」と呼びかけるというものであり、「其姓其」の部分には死者の名前が入ったであろうという。

右の事例から読み取れることは、繁田のいうように、死ぬということは平安貴族の理解において、身体から霊魂が抜け出てしまうことにほかならない。さらに繁田は病気を治療するために陰陽師が行った呪術の一つを紹介している。それは「招魂祭」と呼ばれるものである。

『小右記』万寿四年（一〇二七）十一月の条によれば、病臥する藤原道長（「禅室」）のために陰陽師加茂守道《もりみち》が招魂祭を行ったところ、人魂《ひとだま》が飛来する様子が目撃され、そのため守道は褒美を与えられている。病気によって身体から遊離した道長の霊魂は道長の身体に呼び戻されたのである。

或《ある》ひは云うやう、「禅室の招魂祭、去夕に守道朝臣の奉仕するに、人魂の飛来す。仍《よ》りて禄《ろく》を給ふ桑絲なり」と。

以上、繁田信一の著述よりいくつか引用させていただいたが、これによって平安時代中期以後に陰陽師がいかに貴族の日常生活に介在し、霊魂をどうとらえ対処していたかが具体的に明らかになり、貴重な資料となっている。

陰陽師とは陰陽道の呪術により吉凶の判定や除災、病気治しなどを行う術士である。安倍氏の後裔である土御門家が江戸時代に全国に広まっていた民間の陰陽師の支配を認められ、神楽に多大な影響を及ぼしていたことは周知の通りである。

陰陽道の原型は中国で戦国時代の末期に生まれた陰陽五行哲学で、独特な宇宙観を持っている。しかし、中国の民俗文化としての宇宙観は、すでに殷代から周代にかけて確立している。白川静は「古代のシャーマニズム的な世界は、春秋期のころまでは、まだゆたかな伝統をもちつづけていたようである。しかし戦国期になると（中略）古代的な伝統はその権威を失い、堕落し、否定される。[100]」といっている。つまり、陰陽五行哲学では、中国古代の宇宙観は解けないし、それを引き継いだ日本の宇宙観を陰陽道で解いても正しい答えは出ないということになる。このことの意味は重い。

鎮魂祭は魂封じ

つぎに平安時代の鎮魂祭をみる。貞観儀式延喜式そのほかの資料によると、毎年一一月に神座を設けて中の寅[101]の日に、御《み》巫《かんなぎ》が採り物で槽をつく。琴笛を奏し、神部とともに相和して歌い、御巫の舞がある。

「御巫始め舞う。舞うごとに巫部舞を誉む、三廻誉めていうアナタフト（中略）御巫、宇《う》気《け》槽《ふね》を覆《ふ》せ、その上に立ち、桙をもって槽を撞く。十度畢《おわ》るごとに、柏、木綿縵を結ぶ。おわりて御巫舞いおわる」（貞観儀式）。

御巫の舞は三廻というがこれは旋舞を意味するものだと思う。巫部がアナタフトと囃すのもはなはだ興味深い。宇気槽は木で作った桶を船にみたてたものであるが、杵の柄で、琴笛の音に合わせて槽の上をついてトントンと音を出した。

平安末から鎌倉初期の鎮魂祭のやりかたを述べた『年中行事秘抄』によると、このとき、八つの鎮魂歌が唱えられた。歌はいずれも古色があり、太刀・弓・矛・葛などの採り物や祭具を歌っており神楽歌と共通しているが、直接鎮魂に関係あると思われるのは次の七と八である。

七、あちめ一度おおお三度魂筥に、木綿《ゆう》取りしでて、たちまちとらせよ、御《み》魂《たま》上《が》り、魂《たま》上《が》りまししし神は、今そ来ませる。

八、あちめ一度おおおお三度御魂上り、去《い》にまし神は、今ぞ来ませる。魂筥持ちて、去りたる御《み》魂《たま》、魂返《たまかや》しすなや

八つの鎮魂歌が唱えられ、つぎに一二三《ひとふたみ》四《よ》五六《いつむ》七八《ななや》九十《ここのたりや》と一〇度唱え、そのたびごとに中臣が御たまむすびを行った。音は遊離した魂が還ってきた知らせの音であり、木綿で玉を結ぶのは還ってきた魂を受けとめたのである。

もうひとつ、御衣を振ることがあったが、これも還ってきた魂をこの御衣に付着させ宿らせる意味であったろう。『小野宮年中行事』に「宇気を衝く間、蔵人、御服箱を開きて振り動かす」とある。先に触れた「魂喚」と同じ文脈である。

鎮魂祭の祭神は延喜式によると、この日迎える神の名を神魂《かみむすび》、高御魂《たかみむすび》、生魂《いくむすび》、足魂《たるむすび》、魂留魂《たまつめむすび》、大宮売《おおみやのめ》、御膳魂《みけむすび》、辞代主《ことしろぬし》各一座の八神に大直神《おおなほびのかみ》一座を加えた九神であるが、多くが魂を神とする名前である。魂留魂《たまつめむすび》は魂を結び留める神であろう。タマの機能の最大なる点はムスブことにあることは疑い得ない。

魂結びの逆の事例として対比できるのが韓国のシッキンクッという儀礼である。全羅南道珍島でみたそれは、水死した夭折死者の霊がこの世にとどまるのは、コ（輪）にしばられているためといい、巫女がコプリという輪を解く儀礼で死霊をあの世に送る。長い布の一方を柱に、一方を巫女が持って、布の結び目（一二箇所）を呪文を唱えながらひとつずつ解いていく。シッキンク

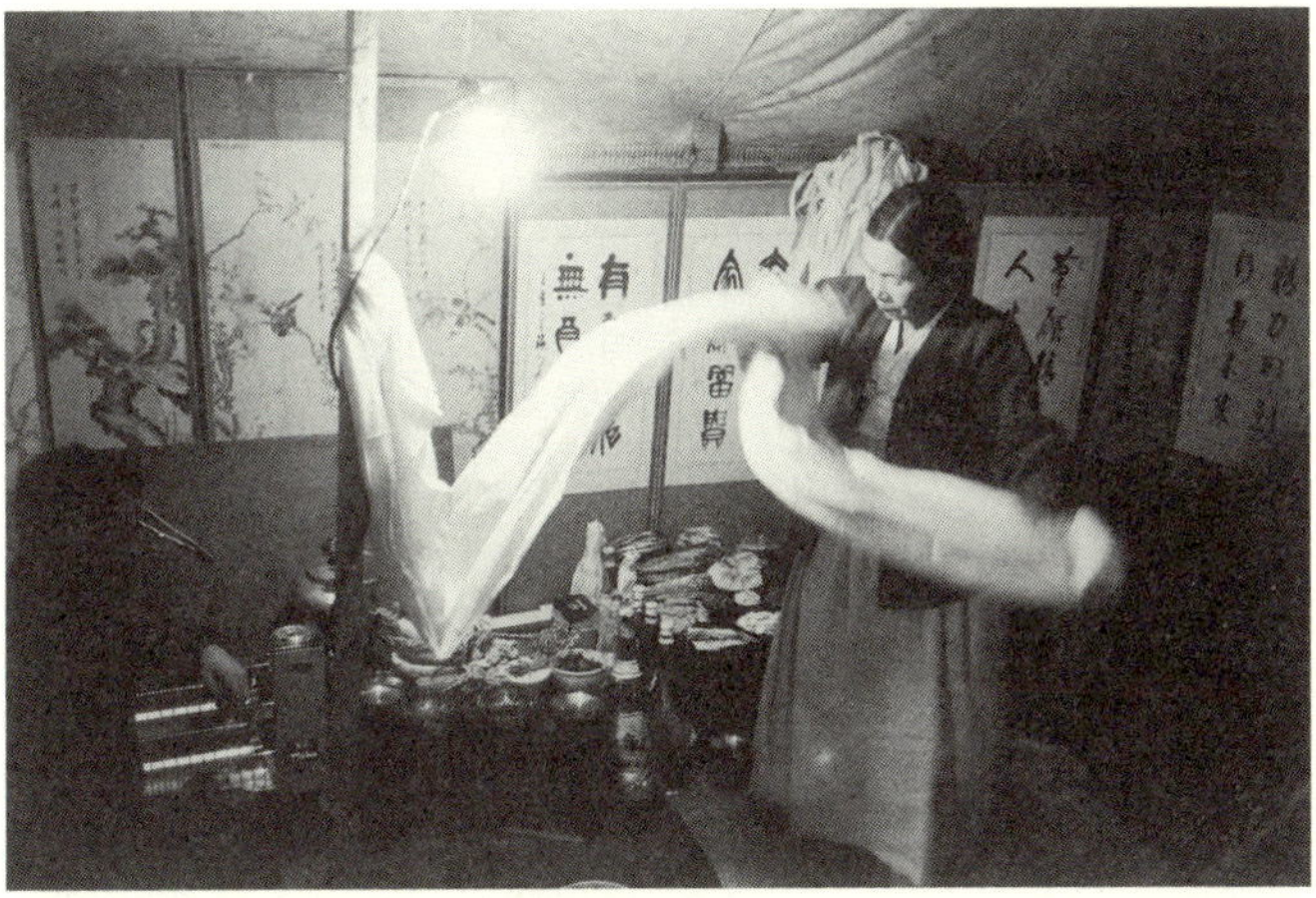

コプリを解くシッキンクッ（全羅道珍道）

ッとはシッキンが洗う、クッは祭り。まず死者が生前着ていた衣服でノッテ（魂竿）をこしらえる。衣服の外側にカマスを巻いて縄でしばり、これを立てて上に器をかぶせ、巫女（全羅道一帯では巫女のことをタンゴルという）が清水をかけて掃木で洗い清める。儀礼の対象は主に溺死、産死など非業の死をとげ、この世に思いが残る死者が出たときに行われる。

劉永大[102]によると、韓国では死んだ人の霊魂を慰撫し、凝り固まった怨恨を解いてあの世へ送るためのシッキンクッはあらゆる地域に一様に分布するという。死霊は善霊的祖霊と冤鬼に分けられる。現世で幸せに暮らして亡くなった人は、死後もその霊魂は善であるが、現世で不幸な恨多き人生を送った人の霊魂は、冤鬼となりあの世へ行くことができず、人間に害をなす。しかし、巫俗ではこのような夭死・

客死・溺死の冤鬼も、クッにより「極楽《クンナク》」に送ることができるという。

タマフリとは何か。その字義として魂振りを原義とする説がある。たとえば上田正昭はタマフリの呪法の中心は宇気（覆槽）をふみとどろかすさまにあるとみている。「それは静かなふるまいではない。まさにタマフリの荒々しい呪法であった」といい、「宇気をふみとどろかす天鈿女命の神がかりは、その活力を振動させることであり、多面邪悪なるタマを鎮圧する反閉《へんばい》であった」としている。(103)

タマフリの原義が魂をフリオコス、フルヒタタセルといったことであるとすれば、シズメル、つまり静かにする、おちつかせるという意味と矛盾する。「職員令」の鎮魂の義解に「いわゆる鎮は安なり、人の陽気を魂と曰《い》ふ、魂とは運なり。言は遊離の運魂を招きて、身体の中府に鎮む。故に鎮魂と曰ふなり」とある。

平安貴族の霊魂観をみると、タマフリ・タマシズメの原義は、魂を体内に閉じ込めて出られないようにしておくことと知られる。そしてそれは健康保全上の大事であって、一種の健康呪術である。このことは、日本に限らず東アジア全体にごく当たり前の事例として広がっている。(104)このような離魂病の信仰や魂返しの呪法が、タマフリ・タマシズメの第一目的であることを確認した上で、タマフリ・タマシズメを検討すると、健康保全にとどまらぬ多様な側面があぶり出されてくる。その前に大地霊は果たして悪霊かという点を問い質しておきたい。

大地霊は悪霊ではない

鎮魂の呪術について、折口信夫は「魂触《フ》り」が古義で、後に中世風の「魂鎮《シズ》め」という意味が加わって語義が安定したという。つまり、本来は外からよい魂を迎えて、人間の身体中に鎮定させたが、やがて悪霊鎮圧のため中国風「反閉」を舞踊の主眼に、足で地霊を踏み固め、魂鎮としたともいっていて、悪霊鎮撫は後の変化との理解も示している。

上田は反閉とは邪悪なるタマを鎮圧することであり、折口も土地神を圧伏し従わせる技法を反閉と解したが共にその理解は、地を踏む舞踏的所作を道教的反閉と解する限り正しいが、一方、白川静は『中世古代の民俗』[105]で、もともとの反閉の意図をつぎのように述べている。

> 人びとの生活は、その居住の地と深くむすびついており、その祖霊や地霊の保護のもとに、行なわれている。（中略）訪問者が親しくその土を践《ふ》み、その地霊に接することが、地霊に対するもっとも虔ましい表敬であり、効果ある慰撫の方法であったろう。それでわが国では、反閉のような、地を踏む舞踏的な所作が行われるのである。

といい、殷には天神を降し地霊を招く「上下の神を降興す」という語があり、興は「興舞」、「興《た》って舞う」こと、興とは地霊をよび興すことであるとしている。

韓国の地神踏（第一章参照）の道中、一隊が口々に「ヨーイ、ヨーイ地神さま、雑鬼雑神はあっちに去り、千福万幸はこっちに来い！」と歌い、庭に入っては「〽オー、フォルサ地神よ　地神地神招こう……」と敷地を司る地神を慰め、徐禍招福を願っている。

わが国の能の三番叟や山形県黒川能の大地踏みは、明らかに大地に対する祝祷であり、地讃《ほ》めである。愛知県の黒沢田楽では、右足で邪悪を踏みつつも、左足で踏み興せば「〽天には白金の花が咲き、地には黄金の実が成る」といい、天竜市懐《ふところやま》山のおこないでも、「〽鶴亀がどよどよの踏みならしたる村なれば、悪魔ぞ寄せじの富ぞ入ります。目出度さ」、とうたっている。

舞踏の起源を道教の「反閉」や「禹歩の法」に求める見方もあるが、わたしはとらないし、何より地霊を悪霊として通す見解には従うわけにはいかない。

大嘗祭で稲魂を付着させる

タマシズメの具体的な儀礼は、新嘗祭とか、天皇が即位する大嘗祭のときに行われる。新嘗祭は司祭者としての天皇が、新穀で作った神饌や神酒を天神地祇《てんじんちぎ》に献じ、さらに自分もいただくという。これによって天皇みずからの威力も更新するというものである。古代の律令制にも定められていたもので、そのころの仲冬上卯相嘗祭、下卯大嘗祭が合体した内容を持っている。毎年行われている新嘗祭から、新たな天皇の治世の始まりにあたり行われる新嘗祭を区別して、後に大嘗祭と呼ぶようになったのである。新嘗祭の中核は稲作の収穫祭にあり、一年の終りを意味することにある。

新嘗祭の嘗《にえ》は漢字だが、これは当て字で、本来はニハナへとかニフナミとよんだ。ナメルとかアヘル（饗）と同義であり、やがて新嘗と一括された。具体的には稲穂がついたままの供物で、初穂のついた稲のことである。小野重朗の『奄美民俗文化の研究』[106]によると、奄美・沖縄では「シキュマという初穂儀礼にも、稲ばかりでなく、粟にも麦にも一般に行われる」という。南島正月には収穫祭がそのまま一年の終りでかつ新年であるということが如実にあらわれている。

早朝、卯の刻、東の初穂を刈り取り主婦に手渡す（竜郷町秋名）

新嘗祭や大嘗祭が一一月の卯の日に行われることを、一陽来復を願う冬至を中心とする季節祭とことさら結びつける日本民俗学の考え方はうなずけない。新嘗が稲の収穫祭であるならば季節は夏から秋にかけてである。確かに冬至を太陽の復活の日として、その祭りを行うことは、世界の多くの民族に広くみられるところである。一方、中村喬は『中国の年中行事』[107]の中で、

「しかし中国では文献上にその痕跡はほとんど見られず」「冬至祭天が実際に行われたのは魏の時であり、東晋時に一時廃止されたが、その後はだいたい行われて来たものといえる。」といっている。

いずれにしろ、江南の稲作文化領域においては、いずれの少数民族も冬至儀礼は今も昔も行っていない。稲作儀礼も、春社・秋社の春分・秋分を中心とした祭りである。

大嘗祭の基盤は農耕儀礼にあり、初穂をとって捧げることに大きな意味をもたせている。奄美に例をとって初穂儀礼をみると、宇検《うけん》村の田検《たけん》、瀬戸内《せとうち》町の嘉鉄《かてつ》、笠利町の赤木名《あかきな》、わたしが見学した竜郷町秋名《たつごうまちあきな》、それぞれ名称はインクレアスビ、イニムケ、シキュマと異なっていても、時期は旧暦六月である。

中国貴州省のミャオ族は江南にあって最初にイネの栽培に成功した民族と目されているが、彼らは現在、雲貴高原に多く居住して水稲を営んでいる。わたしは貴州省凱里県舟渓で吃新節《チーシンジェ》と呼ばれる旧七月卯の日の新嘗祭をみた。吃新節は漢字表記だが、ミャオ族は「能莫格希《ノンモグエン》」（旧暦七月卯に新穀を吃《く》う意）とか「努莫《ヌウモ》」（旧暦六月卯の意）などという。舟渓では吃灰糟《チーホーザオ》と新嘗祭をいう。これは祖先棚の前に初穂と、南九州から奄美にかけてのアクマキに似た、灰汁入りのモチ米を炊いて供えるからである。

ミャオ族と水稲とは切っても切れない関係にあり、彼らの世界観やカミ観念の中枢に稲がある。

ミャオ族は万物有霊で、稲にも稲魂が宿るとしている。貴州省丹寨県のミャオ族は稲魂をミャオ語の直訳で稲魂あるいは苗家苗（ミャオ族のイネ）と漢字表記する。

わが国の奄美・沖縄には、田の神といった稲の人格神はなく、稲の精霊＝稲魂しかない。わが国の稲魂とミャオ族の稲魂とは実によく似ている。たとえば丹寨県を例に、稲の一生を、正月のチガヤによる儀礼的な田植えから秋の稲魂の蔵入れまで順に追うと、日本の稲の一生との類似に驚かされる。田の神・山の神の去来にしても、わが国では人格神にまで進んだ田の神像に足をとられて、魂（タマ）の去来・稲魂の去来にまで思考の重りを沈めないから、なかなか問題解決への糸口がつかめないのだと思う。

稲魂と人魂の合体強化

吃新節直前の「苗家稲になる」儀式をみると、あるいはわが国でもかつてこうであったのかと想像される。(108) 七月上旬から半ばまでの晩、若い青年と娘たちは集落の高みに集まり、この儀式を行う。「苗家稲になる」とは稲魂になるという意味である。あらかじめ若者は手拭で顔を覆われ、椅子にかける。憑霊を仕掛ける者が腰籠に入れている稲葉は田の中から採った稲魂の象徴である。若者の脇に立った仕掛け役の巫者は稲葉を若者の頭上に挿す。若者は耳をふさぎ、巫者は鈴を鳴らし歌をうたい、苗家稲になる若者に、早くあの世へ行くように促す。やがて若者はトランス状態に陥り、あの世へと歩を進める。途中、若い亡霊に出会ったりするが、足を早め、いよいよ「最も美しい場所」（あの世の奥の院＝仙境）に至る。そうしていち早く人間界に戻り、家路に着くと、巫者が水を吹きかけ若者を蘇生させる。つまり若者に合体させた稲魂をあの世の豊穣の世界に送り稲魂を強固なものとするのである。ちなみに稲魂のハレ着としての衣装は粽粑節（田植後、家族だけでモチ米の粽《ちまき》を食べる祭り）の折に粽をくるんだ葉であるといわれ、葉は水田に挿してある。

ところで、わが国の稲魂にしろ、ミャオ族の稲魂にしろ、これを稲の「精霊」つまりは「外来魂＝マナ」と考えるべきだろうか。あるいは沖縄のセジなるものと関連するのだろうか。

沖縄のセジを謡った八〇首のオモロから考察した仲原善忠は「セジなる語を神霊・威霊・精霊・霊験・稜威などと訳し、その概念も極めて曖昧に取り扱はれてゐたが、その本質は人間世界の外に実在する非人格的―それ自身は無意思―の霊力と規定すべきもので、神霊・精霊など民族学上一定の学術語となったものを混用することは明らかに不適切である。」といっている。さらに自ら注を入れ「セジが南方民族のマナ或は上代日本のイツ（厳・稜威）或はケ（気）の思想とどんな関係があるか、一つの問題である」(109)と。

セジはシヂともいい、一種の霊力で有形な物に憑くと、そのものに強力な霊能を生ぜしめ、人間に憑くとセジタカモノとよばれる一種超人に仕立てあげる。女性に憑くと呪力の強い巫女となり、霊力の強い者ほど高級巫女である。

一方、民族学上のマナは霊的存在以前のプレ＝アニミズムとされ、メラネシアのあらゆる宗教行為にみられ、今日では広く超自然的な力と解されている。これを所有すれば大きな利益を得るような作用を持つという。佐々木宏幹は「沖縄のセヂなどは、マナの概念に近いと言えよう」と記している。

セヂ・マナは強力な霊力を持つ外来魂で、人や物、稲も、その外来魂が付着して聖化されるという。そしてイツ（稜威）という外来魂の場合は天皇に付着して、はじめて天皇たる資格を得るのだとされている。大嘗祭は稲の初穂を神に捧げると共に自らも食し、生命の再活性化をはかる。このように、セヂ、マナ、外来魂についてはいく通りもの解説がほどこされているが、実際は不明確であいまいな点が多い。

これら南島のマナ・セヂ信仰に対して、少なくともミャオ族にとっての稲魂の付着強化は、明確できわめて具体性に富んでいる。外来魂の観念についても参照すべきところが多々あるとみてよいだろう。

わが国のイネが自生するものではなく、長江中流域のかつてのミャオ族の居住地域から伝来したものなら、彼の地の初穂儀礼を参照するのは当然だろう。ミャオ族の場合、まず稲魂を付着させる仕掛け人・巫者と付着させられる若者がいる。稲魂の強化は、あの世という限りなく豊かで理想化された世界へ、稲魂を若者と合体した形で送り込み、そして引き戻すことにより計られる。限りなく霊力に満ち溢れているのはあの世という世界である。そこにあるのは外来魂だ内在魂だといった、概念の分析の必要などではなく、あるのは霊魂＝稲魂の強化につながる具体的な手続きだけである。

稲魂の付着は、稲魂という外来魂の付着であるともいえるが、付着された若者の魂の強化をはかるわけではなく、目的は未だ未熟な段階にある稲魂の強化にある。ミャオ族は田植のあと稲の成熟までは、稲魂を驚かさないように、耳をつんざくばかりの音を出す芦笙を吹いたり銅鼓を鳴らしたりすることをかたくいましめている。奄美の秋名でも、田植後初穂儀礼のイニムケの日まで、太鼓や三味線などの鳴り物を禁じ、大声を出すことさえもつつしんだ。

しかし、ミャオ族の場合、完熟した稲は穂刈りされ、蔵に納められる。ネズミ返しをつけた高床の蔵に入れられた稲束の稲魂は強い。司祭者はこう唱える。

決して誰もあなた（稲魂）に害を及ぼすことはない。もし鳥が来て食べれば、その鳥の目はつぶれ、もしネズミが来て食べれば、ネズミの口は歪む。ミャオ族は稲魂に畏敬の念をいだいている。日頃、子どもがご飯粒を床に落とすと、稲魂の罰を受けると、落ちたご飯を拾わせる。汚れたときは、豚に与えるか燃やすかする。人が病気にかかったり不幸にあうと、巫師を招き占う。占いに使うのは必ず自分の家の稲穂で、その原因が病人に憑いた悪鬼であれば、病人の枕元にモチ米の稲穂を置いて、稲魂を招き、鬼を祓う。

人生儀礼に欠かせない稲魂

そもそも丹寨ミャオ族の巫師は、神降ろしを行うとき、苗家稲(稲魂)の指導がなければその業務を遂行できない。巫師は一升の米を置き、何粒かの米を飲み込み、黒い布で稲穂を頭に巻いて自分の体に稲魂を憑依させる。亡くなったときは、稲魂の案内で天に昇り、他界に赴く。死者の棺を運ぶとき、巫師は米粒を撒いて露払いとし、埋葬のときも墓に撒米する。これは、死者が稲魂と共にあの世で暮らすという意味であるという。ミャオ族はさまざまな神を崇拝しているが、その中でも、稲魂の崇拝と祖先神の崇拝が最も重要な信仰である。このように、ミャオ族の一生は、稲穂(稲魂)の保護なくして成り立たない。ミャオ族は人魂も、稲魂と共に死と再生を円環として連続的に循環すると考えている。

エリアーデは『大地・農耕・女性』の中で「先祖、穀物及び性生活の間の関連性は非常に密接なるものがあり、すべてこの三つにかかわる信仰儀礼は、しばしば一つのものとなるほど混淆している」といっているが、このことはかなり普遍的にさまざまな農耕民族にあてはまる。わが国では、イネの種子をスジ(家筋《いえすじ》のスジに通じる)とよび、イネの実りをトシ(年)やヨ(世)というように、スジ(血筋)もトシ(時間)も連続的に循環すべきものとする。人の一生とイネの一生が密接に関わっていることが知られている。

祖霊は稲魂や太陽霊とも習合する

ミャオ族の稲魂が桃源郷のような天空他界から祖霊神と共にもたらされたものだとしたら、わが国の神話―『日本書紀』に描かれる祖神アマテラスが高天原で田を作らせたのが農耕の起源とする神話を思い起こす。地上でウケモチの死体から発生した五穀はアクノクマヒトによってすべて天に持ち帰られアマテラスに献上されている。粟と稗と麦と豆は畑の作物に、稲は田の作物にして、みごとな穂がたわわに一面に実ったという。

皇祖神アマテラスの稲作農耕は、イネの種子―稲魂の継承と、祖霊の継承の重なりを浮かびあがらせる。天皇霊は稲魂を継承する。稲魂を外来魂の一種と考えれば、天皇の霊位は、大嘗祭の儀礼の中で、外来魂―稲魂の付着によりその威力がいや増すといってもいいだろう。それは、ツングース系のシャーマンが儀礼の初頭にシャーマン自らの祖霊をはじめ、日月星辰、キツネ・オオカミ・シカなどの動物霊を含め、あらゆる霊を守護霊として身に憑けて、己の霊力を高めることにつながる。

一方で、天皇の位をアマツヒツギといい、皇太子をヒツギノミコトと呼んで皇位を継ぐ意味にも用いられた。ヒツギは火継ぎであり、日嗣ぎである。火継ぎ行事は年末に、過ぎ去った一年の間、燃え続け疲れ衰えた火を、新しい勢いのよい火にきりかえる行事である。この火を、日本民俗学は冬至の衰えた太陽に重ね陽光を再び元へ戻そうとする行事が冬至祭りであるとされ、大嘗祭もこの頃に行われることから、天皇霊の継承を、冬至の太陽霊の復活に結びつけた。これが民俗学の主張であるが、「日継ぎ」の「太陽霊」は、決して冬至の太陽や日食の太陽に接続すべきものではないことはこれまでくりかえし述べた通りである。

おわりに——対立観なき渾融の日本文化

稲魂は稲穂そのものに宿る。同様に人の魂も、その肉体に宿って初めて人間が生まれてくる。……万物有霊、これこそ、日本民族の民俗宗教である。日本文化の基層には、アニミズムがまぎれもなく存在する。

日本に外来文化として根を下し、高文化としての思想体系を備えた仏教ですら神仏混交の修験道ともなれば、在来の民俗信仰をたぶんに併せ持っている。いや、隣国百済からの伝来当初の仏教そのものが、日本人にとって異国の呪術に過ぎなかった。日本の民族宗教である神道に至っては鎌倉時代以後、仏教をまねて教義めいた信仰体系を築いたかにみえるが、いわゆる鎌倉新佛教の本質的部分を除き、内実はアニミズムに生きていた。日本のカミもホトケも、自分の所属する社会集団にとってのカミでありホトケであって、大多数は個人としての自覚に目覚めた救済の意識のもと祈願し尊崇していたわけではなかった。

本居宣長は『古事記伝』に、神をカミ（迦微）と表記し、外国の宗教でいう仏・菩薩・聖人などとは根本的にちがい、何でもいい、自然界の森羅万象すべてが、ふつうでなくすぐれて畏敬の対象となるものは、すべてカミであるといった（何にまれ、尋常ならずすぐれたる徳ありて、可畏き物）。このことは、古代日本の神の特質をずばりいい当てている。

宣長は『大祓詞後釈《おおはらいのことばごしゃく》』で、ツミとは人の悪行のみをいうのではなく、古代日本人がツミと称するもののうちには、白人《しろひと》のごとき病気も、昆虫《はうむし》の災のごとき自然の災害も、穢《きたな》いこと醜いこと、その外すべて世に人がいみきらうことはみなツミである、と指摘している。家永三郎は日本文化の基本的性格を「対立無き渾融の世界観」にあると断じ、宣長の見方を肯定し、「卑しくも霊威を感ずる事物がことごとく神性を帯びうるこの原始的多神教にあって、絶対的な他者としての神と人との対立は有り得ず、したがって絶対的な裁きの前に立たねばならぬ深刻な罪の意識も生じえない」、と日本的神の特質を示した(110)。

一方、新谷尚紀は「カミ（神）はケガレ（穢れ）から生まれるという基本的なメカニズム」を主張した。キリスト教世界でも、アダムとイヴが神命に背いて犯した人類最初の罪を原罪として背負う人類を救済するために、キリストがその罪・ケガレ（負債）を代わって引き受け十字架に架けられて永遠の存在となった。このことはとりもなおさず、カミとはケガレの吸引浄化装置であることを教えているという。いずれにしろ、宣長のいう（日本的）「ツミ」とキリスト教的「原罪」とは同じ土俵では論じられない。

さらに、新谷は死こそが穢れの最たるものであり、ケガレとは死の力と定義する。あらたに新谷が設定したケガレという概念は死の忌みに等しい穢れから抽象化したものであり、ケガレは忌み避けられ、それを祓えやるという儀礼を経ることでケガレのエネルギーが無に化することなく逆転し、福をもたらす縁起物に変わったり、究極的にはカミへ変身すると解く。はじめにカミありき、ではなくカミはケガレの「対概念」として、誕生するという仮説である。わたしは「穢れ」はケ（褻）カレ（離）の複合か、とする『岩波古語辞典』説を国語学上の一つの傍証にケガレをケ→ケガレ→ハラヘ→コモリ→ハレ→ケの連続的循環行為の中でとらえているが、それについては拙著『鬼の復権』ほかにゆずり、ここでは高取正雄の論説を挙げる。

新谷に対し、高取正男は『神道の成立』(11)で死の忌みについてこう述べる。死の忌みは民間では意外に無頓着であったが、都会暮しの平安貴族たちだけが神経質に過度に反応した。その原因は外来の文化、思想の影響であるとみる。一〇世紀ごろの貴族たちは、みだりに陵墓に近づくのを忌避したが、それについては「忌み負け」という言葉で説明した。死の恐ろしさなどの忌むべきものを不可思議な霊力、呪的な力とみなし、それに対抗できるものが自分の身体に宿っていればよいが、それのないときはひたすら忌みごもり、忌み謹んで活力の回復を待ち、「忌み負け」しないように心がけたという。

たとえば、死穢をさけるために両墓制を守り、産褥、血穢のために産小屋、月小屋などの施設をもつ。

出産は別棟の産小屋で７日間ほどすごす（愛知県東栄町本郷）

忌み負けするとかしないということの根底には、忌むべきものの力を避けがたい対立者と思わない世界があった。宗教的な絶対者について考えることも少なく、自分も相手と同じ呪的存在とみるならば、両者の関係はときの条件次第で協力と対立のあいだを流動する。死者の遺体を屋敷のすみなどに埋葬し、守護霊的機能を期待するのも、こうした世界では人のごく自然な行為のひとつといえよう。

と、高取は述べるが、ここにも宣長がいい、家永のいう日本文化の基本的性格「対立無き渾融の世界観」が読み取れる。

一方、今日では柳田国男に代表される「稲作一元論」への批判がくりかえされている。坪井が山の文化と里の文化を等価値にみて、日本文化の基層は明らかに二元的に対立する狩猟・畑

総鎮守社・馬見岡神社で日鉾の幣突きの後、「四村寄合（よむらよりあい）」で宮座が行われる

作民と水田稲作民の多元的文化であるとしたことは先に記した通りであり、これには異論があることも触れた。

「稲作一元論」がともすると「稲作中心の社会」「孤立した島国」「単一民族」という虚像に走ることは否めない。歴史的にみてもそんなことはあり得ない。だからといって、日本文化の性格を多系統の文化が流れ込んだ原始・古代ならともかく、熟成後の日本文化を多元論で割り切っていいものだろうか。

日本文化は、まぎれもなく多様で重層的で、生業そのものも稲作に偏重していたわけではない。とはいえ、比較文化論的な汎世界的な視野からみた文化類型からいえば、これほど一元的な対立感なき文化もめずらしいのである。

その要因の一つに日本の農村社会の集団的性格が数えあげられる。中でも、水田稲作社会に共同体的性格がより強く温存されている。水稲は水利がものをいう。近江八幡馬渕の宮座は水争いを避けるためにうまれた中世的組織で、水稲耕作社会が共同体的社会となることを雄弁にものがたっている。

一方で、農耕社会とはまったく異にする生業の大工・畳屋・鍛冶屋などにおいても、それぞれ共同体的組織は存在し、生業ごとに一つの神を祀る。個人的に個別に神をたてるということはない。

農耕社会は、水田稲作とか畠作の違いをこえて、きわめて共同体的・集団的な社会である。日本人が共同体的社会をつくりあげる基盤の第一は、祖霊信仰にあるとみて間違いあるまい。日本人にとっての神が、神を通じて家族、一族の意識を一つに結集させる機能をもつのも、ひとえに祖霊を共にいただく社会が背景にある。

共同体的社会は、共同体的規制の中に所属する人々を閉じ込め、そこから分裂する自我を自覚する機会が与えられない。自我や他我が芽生え対立する二元的世界観は、共同体的社会では育たない。

こうした共同体的社会は、伝統維持や伝承性にすぐれてはいても、すべてを一元的に溶融させる親和力のもと、二元的対立は解消されてしまう働きがある。

二元論的象徴の世界は、双分制のように一つの集団や地域を二分する原理と重なる部分もあるが、もともと二元論はあくまで分裂・相剋、相対立する二つの要素に基づいてとらえる理論である。同じ一つの神が春と秋に名をかえるとか、日本人の一生のように生と死が円環しめぐるのは二元論の枠組みの外にあろう。

日本文化は、宗教、美術、文学、芸能にわたって、神と人、霊と肉、善と悪、罪と罰、社会と個人、自然と人生、いずれにおいても深刻な内省にもとづく葛藤・対立を表現したものがほとんどない。善と悪を選別するのは、世間様に対して申し訳が立つ立たないといった反社会的行為をもっぱら判断の基準にすえるという具合である。日本文化の型を、西欧の罪の意識に対置して恥の意識であるとしたのはアメリカの人類学者ベネディクトである（『菊と刀』）。わたしは前著『鬼の復権』で、歴史的にみれば人の対極に鬼を位置付けるのは明らかに誤りであると指摘した。さらにその中で、日本的演劇・能においては、個人と個人の葛藤・対立をドラマに仕立てる西洋演劇とは異なる仕組みが基本であったと述べた。

芸能の中核をなすのは芸態である。文献史学での補足は不可能である。能の芸態を地方の伝承芸能で補い、能の本質を追及した本田安次はいう。能は語り物であるから、当然三人称で筋を運ぶ《現在能》があるが、ところが大半を占める《夢幻能》では、きまって霊の憑依した者の一人称による語りが後段を占め、しかもシテ独演主義を貫くという不思議な演劇である、と。(112) 能の研究は主に国語学からなされ本田説は無視されているのが現状である。

西洋絵画が自然を客観的に描写する風景画、静物画と、人間を独立に描写する人物画に分かれて発達を遂げたのに対して、「大和絵」の伝統は自然を主題としたものと人事を主題としたものが入り混じり、自然と人生とは対立することなく溶け込んでいる。浮世絵の世界における広重が描く「東海道五十三次」をみてもその通りであり、芭蕉や蕪村の句もそうである。アメリカの名建築家フランク・ロイド・ライトは、浮世絵や日本建築に衝撃を受け、滝をまたいで建てた奇想の別荘「落水荘《フォーリングウォーター》」で世界を驚愕させた。テーマは自然との融和である。

このような日本文化の対立観を欠く特質はいくつかの歴史的根源から出ている。日本文化の〝多元論〟は、日本列島が地理的・歴史的環境にとりまかれ、東アジアの東縁にある日本にいくつもの文化の系統が流れ込んだことからいえばごく当り前の指摘である。しかし、ひとたび日本的選択眼で選ばれ流入した異文化が、日本人の共同体的人間関係の温存の坩堝《るつぼ》の中で伝承されて混ぜ合わされているうちに、対立観を失い、渾融する。換骨奪胎はよいが、和を以って尊しとする反面、悪くすると不徹底であいまいな方向に傾斜を強めたり、いっそ情緒的・平面的・装飾的な文化に流れたりする。

日本文化の重層性を基底で支えつづけたのは、「あれかこれか」の峻別ではなしに、ときには鵜呑みする「あれもこれも」という混沌であり、良い意味では常に均衡が保たれている。それは日本の祭りや、年中行事、民間信仰などをみても歴然としている。しかし皮肉なことに、その混沌が活力を生み、やがて日本的秩序を生むに至っている。日本の民族文化の構造の中核に、いつまでも失われない求心力として、日本のカミがある。中心のシンボリズムがある。中心のシンボリズムとは、日本的依り代、日本的憑り坐しである。日本文化の文化的特質の基層を掘り起こすのも、民俗学ならではの特技といえよう。

以上、カミの発生と神社の成立をいくつかの重要な要素に分けて検討を加えてきたが、いずれの要素も縄文時代にすでにその源を発しており、しかも中国江南の原始宗教文化と密接するかのように脈絡をたどり得る。その後の日本の神道文化および日本文化は独特の洗練された様式美を完成させ、繊細美と機能美を併せ持つに至っているが、枝葉の美しさ豊かさを除いて根幹だけをみれば、東アジア全域に通じる民俗宗教文化の血脈にしっかりとつながることを否定し去ることはできない。

おわりに付け加えると、「歴史学」と「民俗学」は、もともと異質の学問であり、両者の時間軸の接合を最終目標に据えること自体間違いだとする最近の論調について考えてみたい。

「歴史学」は、展開していく生活の中で、現実に生起する実年代的事件、事態、風俗などの記録を文献や考古資料を駆使して、歴史の主に表層世界を構築する。一方の「民俗学」は、民間に伝わる伝承を基礎に、歴史の基層に流れ続ける日本民族の基層文化、たとえば身体表現に基づく芸能（芸態）、あるいは様式美、真善美の日常的感覚や情緒・意志（心意）に至るまでを、いつという実年代展開だけにこだわることなく、時間的に幅広く、社会の心性を汲み上げることを志向する特徴がある。

津田左右吉は人が生活するということは、それが時間的に進行するということであり、それが「歴史」である。人が生活を変えてゆくということがなければ、歴史というものはない。ただ、生活は一つの生活であるが、さまざまな側面をもっていて、政治とか経済とか芸術、その他いろいろのはたらきを、一つの生活の現れとして表出し、それぞれを思惟の上で分けて考えていく。その意味でそれらは抽象的な概念である。さらに、経済生活といい、その他生活上の区分けもすべて、人のすることによって成り立っており、人のすることの基底には精神のはたらきがなくてはならず、そのはたらきかたの違いから政治・経済はいうまでもなく宗教や芸術・学問などの分野に小分けされる、といっている(113)。

つまり、歴史的時間も、民俗的時間も、時間の流れに速いか、緩やかかのちがいはあっても、本質は人のたどった生活の時間に変わりなく、両者の時間の接合に決定的な差をつける必要はなく、共に補い合いつつ、豊かな歴史像の構築に向かうべきであると思う。

あとがき

日本人には見慣れていて何の不思議も感じない日本画も、西洋の近代化の尺度からははずれている。幼児が線で描く原始的な表現形式から、無線の写実へ、立体化や光の表出へと進展するはずなのに、日本画は輪郭を線で描く原始的な表現形式をほとんどそのまま守りつづけ、高度に洗練されて今に至っている。

日本文化の特質一般にも、似たようなことがいえる。社会の学問的進歩とは無関係に存在する原始的形式が、そこここにみられる。「カミの発生」といえば原始的時代に限ると考えるかもしれないが、西洋流の学問や進歩という尺度にとらわれることなく眺めれば、いつでもカミは発生するし、未来につながるすばらしい世界を発見する可能性すら秘めている。

分析・解剖・分類こそが学問と考え、科学・学問は万能とまで思い込む人もいる。しかし、人がモノを認知する方法は、血脈のかよったモノそれ自体を丸ごと把握する禅のごとき行き方もある。このような観点に立てば、部分はつねに全体あっての部分に過ぎないと、学び取ることもできる。

価値観など、文化圏や地域によっても、時代や個人によっても、ちがってくる。わたしはわたしなりの価値観を醸成しつつ、先学に学び、わたしなりの結論を本書で出した。共感して下さる方があれば、これに勝るよろこびはない。

何の肩書きも持たないわたしを、共同研究者として招いて下さった国際日本文化研究センターの安田喜憲氏、翻訳でお世話になった中部大学の黄強氏、資料を提供して下さった昭和女子大学の渡辺伸夫氏、東北芸術工科大学の張大石氏、「神在月シンポジウム」への参加と遺跡調査にお招き下さった島根県古代文化センター、京都市立芸術大学「神楽研究プロジェクト」に参加の機会を与えて下さった吉川周平氏に、感謝の意を表したい。

また、厳しい出版状況の中、あえて刊行に踏み切って下さった大和書房のご好意と、差しかえ・加筆の労を厭うことなく進めて下さった担当の佐野和恵さんに心から謝意を表したい。

二〇〇七年師走　　　　萩原秀三郎

【注】

(1)対論＝佐原真・小林達雄『世界史のなかの縄文』新書館　二〇〇一
(2)宮田登『カミとホトケのあいだ』〈宮田登日本を語る6〉吉川弘文館　二〇〇六
(3)大和岩雄『神々の考古学』大和書房　一九九八
(4)貝塚茂樹編『古代殷帝国』みすず書房　一九六七
(5)高橋徹・千田稔『日本史を彩る道教の謎』日本文芸社　一九九一
(6)中村慎一『稲の考古学』同成社　二〇〇二
(7)国立歴史民俗博物館編図録「弥生はいつから!?—年代研究の最前線」歴博振興会　二〇〇七
国立歴史民俗博物館・広瀬和雄編　歴博フォーラム『弥生時代はどう変わるか』学生社　二〇〇七
(8)片岡宏二「弥生時代開始期の北部九州」『月刊文化財—やよい時代研究最前線』第一法規　二〇〇七・八
(9)黒田日出男『日本中世開発史の研究』校倉書房　一九八四
(10)坪井洋文『イモと日本人』未来社　一九七九
(11)千葉徳爾『地域と伝承』大明堂　一九七〇
(12)千葉徳爾『女房と山の神』堺屋図書　一九八三
(13)池田源太「山の信仰」『山岳宗教と民間信仰の研究』〈山岳宗教史研究叢書6〉名著出版　二〇〇〇
(14)小松和彦『異人論』青土社　一九八五　同『異界巡礼』青玄社　一九九二
(15)坪井洋文『神道的神と民俗的神』未来社　一九八九
(16)住谷一彦ほか著『異人・河童・日本人』新曜社　一九八七

(17) 甲元真之「長江と黄河―中国初期農耕文化の比較研究」『国立歴史民俗博物館研究報告』第40集　一九九二
(18) 梅原猛・安田喜憲『長江文明の探究』新思索社　二〇〇四
(19) 林巳奈夫『神と獣の紋様学』吉川弘文館　二〇〇四
(20) 白川静『中国古代の民俗』講談社学術文庫　一九八〇
(21) 谷川健一「草荘神の古型」『自然と文化26』一九八九
(22) 白川静『中国古代の文化』講談社学術文庫　一九七九
(23) 中村義雄『魔よけとまじない』塙書房　一九七八
(24) 大森志郎『やまたのをろち』学生社　一九七〇
(25) 大森志郎『歴史と民俗学』岩崎美術社　一九六七
(26) 金井典美『湿原祭祀』法政大学出版局　一九七七
(27) 萩原秀三郎・崔仁鶴『韓国の民俗』第一法規出版　一九七四
(28) ネリー・ナウマン／野村伸一・桧枝陽一郎訳『山の神』言叢社　一九九四
(29) 萩原法子『熊野の太陽信仰と三本足の烏』戎光祥出版　一九九九
(30) 玄容駿「済州島における巫歌神話の機能」『民族文化の世界』(上) 小学館　一九九〇
(31) 大林太良「羿神話と王権」『日中文化研究3』勉誠社　一九九二
(32) C・ヘンツェ／金子えりか訳『霊の住処としての家』雄山閣出版　一九九六
(33) 中村喬『中国の年中行事』平凡社　一九八八
(34) 新井恒易『日本の祭りと芸能』ぎょうせい　一九九〇
(35) 前田晴人『古代出雲』歴史文化ライブラリー　吉川弘文館　二〇〇六

(36) 鈴鹿千代乃「神等去出の神事」『どるめん7』一九七五
(37) 藤田稔「田の神信仰と二月八日の伝承」大島建彦編『コト八日』岩崎美術社　一九八九
(38) 三品彰英『古代祭政と穀霊信仰』〈三品彰英論文集5〉平凡社　一九七三
(39) 写真／金秀男・文／文武秉『写真集済州島3　信仰と祭の世界』国書刊行会　一九九三
(40) 中村喬『続　中国の年中行事』平凡社　一九九〇
(41) 新谷尚紀『神々の原像』歴史文化ライブラリー　吉川弘文館　二〇〇〇
(42) 水野正好「大神神社成立前後史」上田正昭「大三輪と出雲」三輪山文化研究会編『神奈備大神三輪明神』東方出版　一九九七
(43) 和田萃「三輪山祭祀をめぐって」上田正昭ほか編『三輪山の神々』学生社　二〇〇三
(44) (24) に同じ
(45) 牛尾三千夫『神楽と神がかり』名著出版〈牛尾三千夫著作集1〉一九八五
(46) 小川光三『増補・大和の原像』大和書房　一九八〇
(47) (42) の資料編所収
(48) 中西進「三輪山と万葉集」(42) に所収
(49) 春成秀爾「祖先祭りの始まり」『神と祭り』〈古代史の論点5〉小学館　一九九九
(50) (49) に同じ
(51) 大林太良『葬制の起源』角川選書92　角川書店　一九七七
(52) 萩原秀三郎『日本人の原郷』小学館　一九九〇　同『稲を伝えた民族』雄山閣出版　一九八七
(53) 旗田巍『中国村落と共同体理論』岩波書店　一九七三
(54) 和歌森太郎『神と仏の間』講談社学術文庫　二〇〇七

(55) 萩原秀三郎『神樹』小学館　二〇〇一
(56) (55) に同じ
(57) 藤田富士夫『縄文再発見』大巧社　一九九八
(58) 後藤明『「物言う魚」たち』小学館　一九九九
(59) 梅棹忠夫ほか鼎談　岡田康博・小山修三編『三内丸山の世界』山川出版社　一九九六
(60) 杜金鵬「良渚神祇与祭壇」『考古』一九九七・二期
(61) (57) に同じ
(62) 大田原潤「三内丸山遺跡の大形木柱列と二至二分」小林達雄編著『縄文ランドスケープ』アム・プロモーション　二〇〇五
(63) 肥後和男「日本古代の霊魂」にひなめ研究会編『新嘗の研究 3』学生社　一九八八
(64) (19) に同じ
(65) 林巳奈夫『中国古代の神がみ』吉川弘文館　二〇〇二
(66) 倉石忠彦『道祖神信仰論』名著出版　一九九〇
(67) 高浜秀「オルドス青銅器竿頭について」『MUSEM』第五一三号　東京国立博物館　一九九三
(68) (19) に同じ
(69) (55) に同じ
(70) (19) に同じ
(71) 宮家準「修験道の宇宙観を中心として—日本のシャーマニズム」関西外国語大学国際文化研究所編『シャーマニズムとは何か』春秋社　一九八三
(72) 小野寺正人・月光善弘「蔵王山の修験道」月光善弘編『東北霊山と修験道』〈山岳宗教史研究叢書

7〉名著出版　一九七七
(73) 萩原秀三郎『鬼の復権』歴史文化ライブラリー　吉川弘文館　二〇〇四
(74) 山折哲雄「神とは何か」山折哲雄監修『日本の神々』別冊太陽　平凡社　一九九〇
(75) (54)に同じ
(76) 櫻井徳太郎『私説柳田國男』吉川弘文館　二〇〇三
(77) 水野正好「弥生時代の特異な音色」前出(49)『古代史の論点』
(78) 松尾充晶「青木遺跡」文化庁編『発掘された日本列島』朝日新聞社　二〇〇六
(79) 辰巳和弘『新古代学の視点』小学館　二〇〇六
(80) 西澤英和「どこまで高くできるか」国立歴史民俗博物館編『高きを求めた昔の日本人』山川出版社　二〇〇一
(81) 和田嘉宥ほか「巨大建造物、出雲大社の謎を解く」上田正昭・島根県古代文化センター編『古代出雲の文化』朝日新聞社　一九九八
(82) 岡田荘司「謎の〈心の御柱〉見たてのヒモロギか！御鏡の御杖か！」朝日新聞社編『伊勢神宮と日本の神々』朝日新聞社　一九九三
(83) 山本ひろ子『中世神話』岩波新書　一九九八
(84) (79)に同じ
(85) (5)に同じ
(86) 千家尊統『出雲大社』学生社　一九九一
(87) 上田篤「謎の建築・五重塔」上田篤編著『五重塔はなぜ倒れないか』新潮選書　一九九六
(88) 深作光貞『「衣」の文化人類学』ＰＨＰ研究所　一九八三

(89) 近藤喬一「銅剣・銅鐸と弥生文化」松本清張編『古代出雲王権は存在したか』山陰中央新報社 一九八五
(90)『柳田国男全集 7』ちくま文庫 一九九〇
(91) 福原敏男『神仏の表象と儀礼 オハケと強飯式』歴博ブックレット23 歴史民俗博物館振興会 二〇〇三
(92) 本田安次「柱松から布舞へ」『草荘神自然と文化』26号 日本ナショナルトラスト 一九八九
(93) 貝塚茂樹『中国史・第1／神々の誕生』筑摩書房 一九六三
(94) 寺沢薫「巫の鏡」『同志社大学考古学シリーズV 考古学と生活文化』一九九二
(95)(94)に同じ
(96)『民俗芸能87』民俗芸能刊行委員会 二〇〇六
三村泰臣「将軍舞考―安芸十二神祇の世界」『民俗芸能研究27』民俗芸能学会 一九九八
(97) マルセル・グラネ／明神洋訳『中国古代の舞踏と伝説』せりか書房 一九九七
(98) C・ブラッカー／秋山さと子訳『あずさ弓(上)』同時代ライブラリー 岩波書店 一九九五
(99) 繁田信一『平安貴族と陰陽師』吉川弘文館 二〇〇五
(100)(22)に同じ
(101) 肥後和男『神話と民俗』岩崎美術社 一九六八
(102) 劉永大「生きている人のためのクッ」鈴木正崇・野村伸一編『仮面と巫俗の研究』第一書房 一九九九
(103) 上田正昭「神楽の命脈」芸能史研究会編『日本の古典芸能1 神楽』平凡社 一九六九
(104) 萩原秀三郎『稲を伝えた民族』雄山閣出版 一九八七

(105) (20) に同じ
(106) 小野重朗『奄美民俗文化の研究』法政大学出版局　一九八二
(107) (33) に同じ
(108) 潘定智「丹寨苗族的穀神崇拝」(翻訳は中部大学黄強・橋本恭子ほかに個人的に依頼) 福田アジオ編『中国貴州苗族の民俗文化―日本と中国との農耕文化の比較研究』国立歴史民俗博物館　一九九六
(109) 仲原善忠「セヂ (霊力) の信仰について」柳田国男編『沖縄文化叢説』中央公論社　一九七五
(110) 家永三郎『歴史家のみた日本文化』文芸春秋新社　一九六五
(111) 高取正男『神道の成立』平凡社　一九七九
(112) 本田安次『能及狂言考』能楽書林　一九八〇再版　同『翁』明善堂書店　一九五八
(113) 津田左右吉『必然・偶然・自由』角川新書　角川書店　一九五〇

カミの発生《はっせい》

——日本文化と信仰

2008年２月25日　第一刷発行

著者———萩原秀三郎《はぎわらひでさぶろう》
発行者——南　　　暁
発行所——大和《だいわ》書房
東京都文京区関口1-33-4
電話03-3203-4511　振替00160-9-64227
印刷———歩プロセス
製本———小泉製本
装丁———福田和雄
ISBN978-4-479-84070-1

http://daiwashobo.co.jp